庆祝中国丝绸博物馆开馆 30 周年

DEDICATED TO THE 30TH ANNIVERSARY OF

CHINA NATIONAL SILK MUSEUM

HIGHLIGHTS OF THE COLLECTIONS IN
CHINA NATIONAL SILK MUSEUM

中國絲綢博物館
藏 品 精 选

赵 丰 主编

ZHEJIANG UNIVERSITY PRESS
浙江大学出版社

目录

C O N T E N T S

中国丝绸博物馆 0001 号藏品：民国北方绣红绣花裙

百衲收寸锦

中国丝绸博物馆的征藏之路

百衲是指用许多小片的碎布料拼缝成的一件大的衣物，如包裹布，或袈裟，或水田衣，在今天可以被称为拼布。敦煌文书中有关于"百衲经巾"的记载，所谓"百衲经巾"其实就是用于包佛经的包袱布。苏轼《监试呈诸试官》诗云："千金碎全璧，百衲收寸锦。"[①]完璧一碎，可成千金，百片寸锦，方为一衲。

藏品是博物馆的基础，这对于任何博物馆都一样，中国丝绸博物馆（简称"国丝"）也不例外。但国丝的收藏品主要与丝绸、纺织和服饰相关，正如一件百衲，由千百片碎布或寸锦拼合，形成一个完整的收藏体系。

从 1987 年筹建处起，国丝馆藏完全是从零开始。中国丝绸博物馆 0001 号藏品是一件民国北方绣红绣花裙，腰 44 厘米，长 83.6 厘米，下摆 84.3 厘米，丝质，基本完好。1988年 6 月，该裙由张志鸿和沈国庆从嘉兴高振业处收购，价格为 120 元整，后定为三级文物。到 2021 年年末，最新的一件藏品是金家虹的作品《绣》（2021.128.1）。就这样，国丝馆藏从无到有、从少到多、从残到好，迄今已超过 7 万件／套。回头看，一丝一缕，恒念物力维艰；一布一绸，常思来之不易。

中国丝绸博物馆 2021.128.1 号藏品：2021 金家虹作品《绣》

---

① 苏轼《监试呈诸试官》：缅怀嘉祐初，文格变已甚。千金碎全璧，百衲收寸锦。调和椒桂醏，咀嚼沙砾磣。广眉成半额，学步归踸踔……此外，杨万里《胡季亨赠集句古风，效其体奉酬》：秋气集南涧，清风来故人。遗我一端绮，桃李不成春。大句干元造，高词媲皇坟。百衲收寸锦，一字买堪贫。苦恨邻里问，良觌渺无因。今日是何朝，始闻扣柴荆。黄菊有佳色，寒水各依痕。且共欢此饮，重与细论文。何以报佳惠，山中有白云。

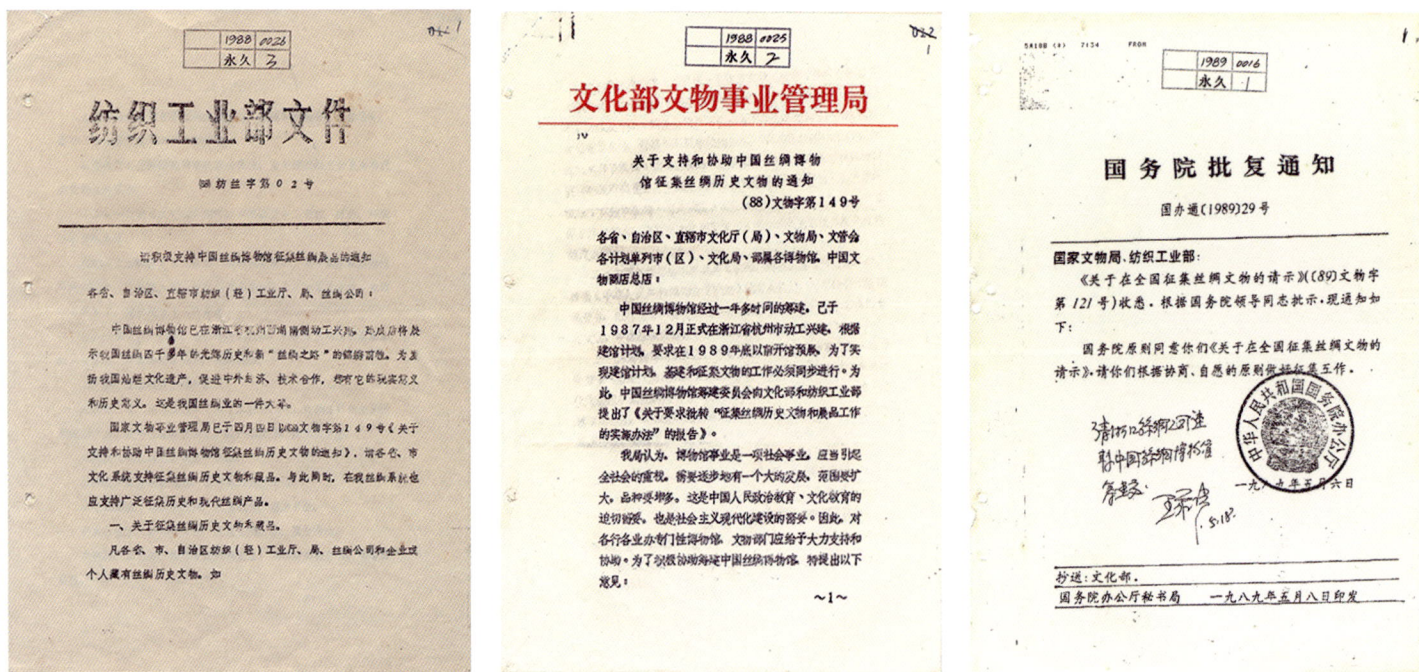

〔88〕纺丝字第 2 号文件、〔88〕文物字第 149 号文件、国办通〔1989〕29 号文件

一、古代文物

最初，国丝最为重要的目标是收藏文物。中国 5000 多年的丝绸历史，总得有一些古物打底作证。

1988 年，中国丝绸博物馆筹建处刚成立后，国家文物局和纺织工业部就分别以〔88〕纺丝字第 2 号文件和〔88〕文物字第 149 号文件的形式发文通知各地纺织工业局和丝绸公司以及相关单位，支持中国丝绸博物馆征集丝绸历史文物和藏品。1989 年 5 月，国务院又以国办通〔1989〕29 号文件批复国家文物局和纺织工业部的联合发文，同意中国丝绸博物馆在全国征集丝绸文物。

记得有一次我在省文物局开会，当时的浙江省文物局博物馆处傅传仁处长（后来成为主持国丝工作的常务副馆长）为国丝开出了一份清单，要走遍全国的博物馆去寻求支持。有了国务院的批文，总是名正言顺一些，但真的要文物，谈何容易。"上穷碧落下黄泉，动手动脚找东西。"在我馆初期的征集文物清单里，有来自内蒙古集宁路元代窖藏出土的 3 小片丝绸，还有兰州市博物馆的 2 小片丝绸残片，极为珍贵。1990 年 2 月，通过福建省文化厅的帮助，我们获得了福建省博物馆（现福建博物院）和福州市博物馆的支持，得到了福州黄昇墓和茶园山墓出土的 18 件南宋丝绸服装和残片，极为珍贵。此外，1991 年，江西德安县博物馆（现德安博物馆）捐赠了南宋时期的 22 件丝织品。我馆终于有了第一批藏品，这为国丝的收藏奠定了扎实的基础。

我当时在浙江丝绸工学院（现浙江理工大学）丝绸史研究室工作，中国丝绸博物馆是我的导师朱新予先生极为关注的项目，所以我从筹建处建立之初就参与了相关的工作，特别是陈列文本和文物征集的工作。有一次，小朋友们在参观我馆后留下了感想："在中国丝绸博物馆看到的除了破布，还是破布。"但这些"破布"，都是极为珍贵的残片。回顾我们早期的收藏之路，真是一条残片之路，但这也是我馆的成长之路，路上有几个重要节点特别值得回忆。

1. 新疆之行：批文 + 友情

地处大西北的新疆位于丝绸之路的要道，当年遗留的文物很多，且当地气候干旱，文物保存较好，学术价值也比较大，所以新疆成为我们征集的一个重点地区。1989年夏天，中国丝绸博物馆筹建处的李善庆和张敬华凭借国务院的批文，请曾在新疆工作过的老领导周铁农带队，奔赴新疆联系文物征集事宜。当时，我们坐了三天三夜的火车来到乌鲁木齐，又跑去了吐鲁番、和田等地的博物馆和文化遗产保护研究所（文保所），以及新疆维吾尔族生产丝绸的一些村落。

我馆的文物征集工作得到了新疆维吾尔自治区有关领导的大力支持。1990年，新疆维吾尔自治区文物考古研究所、新疆维吾尔自治区博物馆和新疆吐鲁番地区文保所的相关工作人员回访尚未建成的国丝，带来了35件楼兰及阿斯塔那等地出土的汉唐时期丝织物。这是我馆第一批数量较多的、有明确考古信息的丝绸文物，十分珍贵。

2. 与内蒙古的合作：技术换资源

与新疆相比，内蒙古属于草原丝绸之路，也是出土丝绸极为丰富的地方。我馆较早地得到了出自集宁路窖藏的3片元代丝织品，以及通辽墓地出土的16件辽代丝绸的馈赠。

1992年开馆之后，我们接到了来自庆州白塔考古队的邀请，希望我们鉴定白塔天宫发现的辽代丝绸文物。正在鉴定回访之时，我们刚好遇到耶律羽之墓被盗，清理出大量丝绸文物，于是我们又开始进行耶律羽之墓出土丝绸文物的鉴定、保护、研究工作，这项工作我们做了好几年，经手文物量达到600余个编号。[1]为了答谢我们的技术服务，内蒙古文化厅于1996年正式同意赠予我馆一批珍贵的丝绸文物，数量达到50件。

赴江西征集文物工作照，1989年

赴新疆征集文物工作照，1989年

---

① 赵丰 . 辽耶律羽之墓出土丝绸鉴定报告 . 杭州：中国丝绸博物馆鉴定报告，1996.

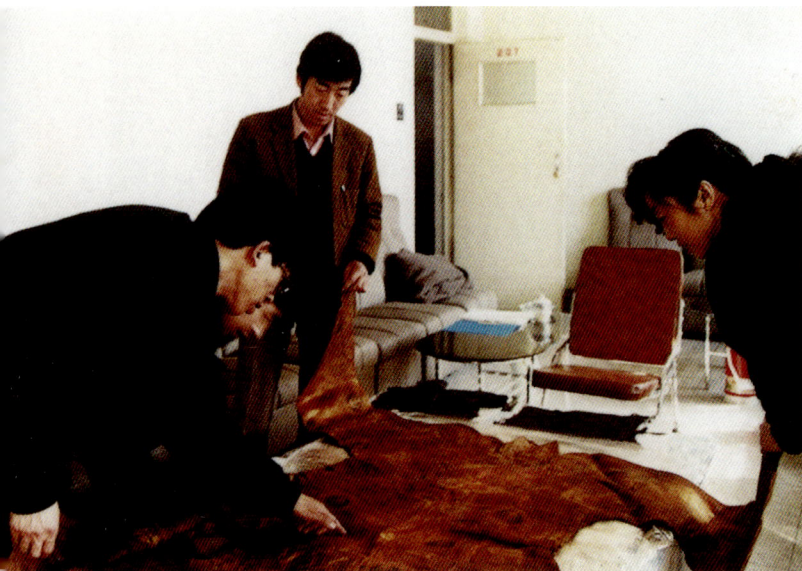

对耶律羽之墓出土丝绸文物进行鉴定保护研究，1993 年

梦蝶轩辽代文物捐赠仪式，2010 年

3. 梦蝶轩

梦蝶轩向我馆赠送的丝绸文物也可以算是一种技术换资源的实例。梦蝶轩的卢茵茵和朱基伟是香港知名的文物收藏家，以收藏金银器为主。2004 年，为举办"松漠风华：契丹艺术与文化"展览，他们邀请我馆修复师前去香港中文大学进行相关丝织品的修复。[1] 当展览举办完成之后，梦蝶轩将相关的丝绸文物 75 件 / 套全部捐赠给了我们。2010 年秋，我馆专门举办了"金冠玉饰锦绣衣：契丹人的生活和艺术"展览，当时也举办了接受捐赠的仪式。后来，这一展览还去北京大学赛克勒考古与艺术博物馆展出过。

二、近现代传世品

当然，地下出土的文物总是有限的，而且我们得到文物的过程也越来越难。于是，我们把关注点放到了近现代传世品上。这里的"近现代"其实不是一个严格意义上的历史概念，而是从收藏的角度所说的能在一般环境里保存下来的生活或生产用品所处的年代。近现代传世品既不是作为古董保存下来的文物，也不是新购置的用品，其年代范围大约是从民国到改革开放之前。

1. 百年箱底之物

其实我们刚开始建馆的时候，就开始征集现代名优丝绸产品，但这些产品大多是面料，为生丝白坯，品质虽好，但观赏性不强。

刚过了千禧年，我们觉得应该做一场体现 20 世纪时尚变迁的展览。以此为契机，我们开始从民间征集这一时期的服装。因为这些服装很有可能还压在人们家中的箱底，所以我们在 2004 年年初发布了展览通告，并号召大家在家里面寻找自己收藏的宝贝，捐给国丝。

在杭州这样一个有着极重丝绸特色的城市里，自然有许多市民有这样的收藏。经过《钱江晚报》上《翻开你的老箱底》一文的宣传，许多杭州市民从家里面翻出了压在箱底多年的衣物，向我馆咨询、反馈，形成了一波小小的捐赠高潮。有些人家里还有一箱子甚至两箱子的东西，我

---

① 香港中文大学文物 . 松漠风华：契丹艺术与文化 . 香港：香港中文大学出版社，2004.

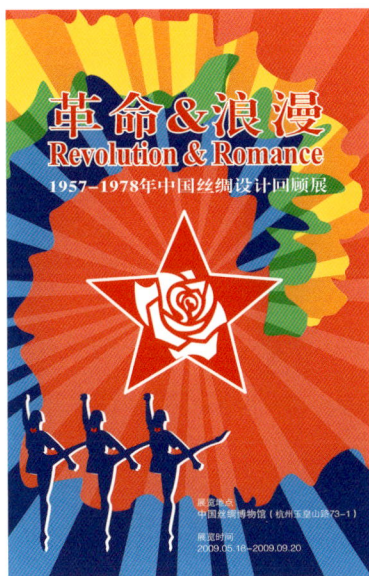

革命与浪漫：1957—1978 年中国丝绸设计回顾，2009 年

们就去市民家里查看。其中有一位是80多岁的梁一香大妈，她丈夫是从南洋回来的，家境比较殷实，还藏着两大樟木箱的西装和旗袍，保存得也很好，全部捐给了我馆，共45件/套。等到展览开幕的时候，我们已经收到来自20多户人家的400多件实物。另有一位黄政先生，他在这次展览之后，又从家里找出衣物，前后一共给我馆捐赠了3次，总数达177件/套之多。①

2. 革命年代里的浪漫设计

对于近现代丝绸文物，也就是从中华人民共和国成立后到改革开放前的实物，大家的关注度一直不够。我先是在香港的地摊上看到了一组丝绸样本，后来又追寻这条线索，了解到在上海还有一批丝绸样本，最终找到了上万件20世纪50—70年代前后的丝绸样本。

正在此时，曾是杭州胜利试样厂丝绸品种设计师的俞尔秉告诉我，他收集了不少与丝绸设计相关的小样稿，他把它们贴在一起，形成了20多册。大家可能不知道，在新中国成立后的丝绸生产过程中有一个流程叫打样，比如在

中国进出口商品交易会上，丝绸要出口，首先就需要给客人打样，拿出一个范本，顾客满意后才能下单生产。当时，江浙沪每个城市都有一个国营的试样厂，集中了最优秀的一批丝绸设计师，为国家的丝绸贸易从事工作。俞尔秉拿来的是设计师们自己留用的样本册，保存的样稿主要是"文革"时期的设计稿，和试样厂里存藏或是上报的样本册不一样。他当时就把这些样本捐给了我馆，后来我们就从这些设计师的手稿出发，结合当年的丝绸实物，做了一个展览，题目就叫"革命与浪漫：1957—1978 年中国丝绸设计回顾"②。因为当时可以说是一个革命的年代，但对于丝绸设计师来说，他们需要呈现美，所以要把革命的题材和浪漫的形式结合在一起，这是那个年代的丝绸设计的特色，非常珍贵。

最终，这批藏品的数量几乎数以万计，藏品囊括了杭州胜利试样厂、杭州丝绸联合印染厂、都锦生丝织厂、上海第七印染厂、苏州丝绸科学研究所等当时主要丝绸设计厂家或机构的资料。

---

① 薛雁. 时尚百年：20 世纪中国服装. 杭州：中国美术学院出版社，2004.
② 徐铮. 革命与浪漫：1957—1978 年中国丝绸设计回顾. 香港：艺纱堂／服饰出版，2009.

常沙娜敦煌历代服饰图案临摹原稿作品捐赠仪式，2012 年

3. 常沙娜和她的同事

常莎娜是常书鸿的女儿，长期担任中央工艺美术学院（现清华大学美术学院）院长，她当然也是染织美术的设计师和教育家。1959 年，她带着两位同事黄能馥和李绵璐一起去了常书鸿担任所长的敦煌研究所，在那里她们一起临摹了大量敦煌壁画上的丝绸图案，大约共有 400 幅，整理后出版了专著《中国敦煌历代服饰图案》①。这批图案的手稿非常珍贵。大概是在 2010 年的某一天，我突然接到常沙娜老师的电话，常沙娜老师说想把这批手稿捐给我馆。我们非常欣喜，觉得很是难得，尽管这批手稿只是今人对古代丝绸图案的一些临摹，但还是对今天的丝绸设计起到了很大的作用。

后来，我们在接收常老师的捐赠之后专门举办了一个展览，名称就叫"沙鸣花开——敦煌历代服饰图案临摹原稿展"。之后，常老师又办了很多类似的展览，名称多为"花开敦煌"。

三、当代作品

当代作品是当下由企业、厂家、设计师、工艺师、艺术家等设计和生产出来、用于日常生活或艺术展示的产品

① 常沙娜. 中国敦煌历代服饰图案. 北京：中国轻工业出版社，2001.

和作品，甚至是专为博物馆定制的收藏品，其年代大约在改革开放之后。对于丝绸纺织服饰行业而言，如果今天不去收藏的话，明天再去收藏就相当困难，有很多东西可能就找不到了。所以，征集当代作品也非常重要，这正是国际博物馆协会所提倡的"为明天收藏今天"的理念。

1. 名优产品：计划经济体制下的收藏渠道

如何收藏当下生产的实物，我们也进行过一些尝试。

早在我馆筹建时，纺织工业部和中国丝绸公司就发文给全国的丝绸和丝绸相关企业，要求提供丝绸实物，但是当时大家收藏较多的是名优产品，就是各地品质比较好的产品。这些产品大多是由当时的体制评选出来的，通常是原材料半成品。比如，中国的生丝当时是世界上最好的，都冠以"梅花牌"，品质为 5A 级甚至 6A 级，每个厂提供的都差不多，一般人看过去基本没有什么差别；再如很多白坯面料，如双绉、桑波缎、素绉缎，这些都是我国出口国际市场最常见的丝绸面料，但因为都是白坯，收藏虽多，展示性不强。当收藏达到一定的数量和规模之后，再继续收藏意义就不是很大了。再后来，整个丝绸生产和管理体制迎来改革开放，民营企业大量出现，连这样的收藏渠道也变得困难起来，所以我们就基本停止了名优产品的收藏。

2. 年度时尚回顾：年度时尚收藏

真正启动对当代实物的收藏，特别是大量的多品种、多色彩的时尚面料以及各式各样的服装收藏，是 2010 年前后。当时，整个丝绸行业规模慢慢地缩小，我们认识到，中国丝绸博物馆如要继续服务当下、融入当下，必须拓展我们的收藏主体。

当时，我已参观了世界上的许多博物馆，不仅有大型的百科全书式博物馆，还有大量专题博物馆，特别是纺织服饰类博物馆。我发现，单一的丝绸博物馆基本上以某个企业为

发现：2011年度时尚回顾展，2011年

场地，并以这一地区的行业协会为支撑，做成一个具有纪念性的博物馆。由于整个周边纺织服饰产业的业态改变，加之大量居民的迁出，它就会渐渐缺乏活力。而位于城市中心的大型博物馆，周边的社区往往是纺织服饰的消费者，所以博物馆里的服装时尚板块还是非常重要的，而且这类博物馆每年都在收藏当下的服装。

经过反复思考和论证，我们觉得必须拓展中国丝绸博物馆的内涵，要向外延展。这个延展就是从丝绸延展到所有的纺织品，从丝绸的面料延伸到所有的服饰。如果有了这样的突破，我们对当代的收藏就会变得比较广泛。

从2010年开始，我们开始筹划举办一年一度的时尚回顾展。我们与时任中国服装设计师协会（以下简称"协会"）主席李当岐达成了共识，要收藏所有的中国著名服装设计师的作品。凡是进入北京时装周年度时尚大奖，包括金顶奖和最佳男装以及最佳女装等奖项的作品，我们都要收藏。协会要求当年新获奖的设计师捐赠一套获奖作品给我们收藏，同时帮我们联络往届已经获奖的设计师，征集已获奖作品。通过这一合作，我们形成了一种机制，获得了当下几乎所有知名服装设计师的作品。同时，我们还和生产服装面料的企业进行合作，这得到了国家纺织面料开发中心李斌红主任的大力支持。此后，全国优秀服装面料的生产企业每年也有作品进入我馆的收藏。

除了设计师和企业，我们还和学校等机构合作，凡是他们最新的作品，我们都有机会选择收藏，包括一些与重大事件有关的服装和纪念品，如重要的运动会、外交活动，甚至是重要的学生大赛的服装和纪念品。这些我们都会适当选择。同时，我们和浙江理工大学一起建立了一支团队，把每年收藏的实物办一次回顾展，通过展览把当年的时尚主流、实物内容、与设计过程相关的人和事都记录下来。通过每年一个展览，梳理一段历史，收藏一批作品，同时建立一个平台，即博物馆和企业、设计师的合作平台，最后还要培育一支团队，即一支从事当代时尚收藏、研究和展示的策展团队。[①]

3. 艺术家的定制作品

对于时尚作品的收藏，国丝还有一个途径——艺术展览，这类展览一般是国际性的。与服装直接相关的展览是2018年启动的全球旗袍邀请展，其契机是配合杭州市文化

---

① 陈百超．云荟：中国时尚2011—2020．上海：东华大学出版社，2021．

和旅游局举办的"杭州全球旗袍日"活动。我们主动邀请全球各地的设计师以中国旗袍为主题来设计服装进行展出。迄今为止，全球旗袍邀请展已做了"山水""庆典""如诗""视界"四场，征集来的旗袍也有了百余件之多。

当然我们要求的旗袍展品总体来说，必须有旗袍的基本型，符合大家对旗袍的基本共识。在此之外，设计师可以创新。一是面料的创新，设计师可以应用各个地方的特色面料，如韩国、印尼、乌兹别克斯坦等地的设计师作品，都采用了各自的传统或特色面料。二是款式的创新。

除了旗袍，我们还有很多纤维染织的艺术展。如国际绞缬联盟 2018 年在我馆举办了绞缬大展，展览结束，我们就可以选择收藏其中的代表性作品。再如纤维艺术三年展，我们也选择了一些作品入藏。同时我们自己也主办了一些展览，如东欧十六国的丝绸艺术展，再如 2019 年开始的天然染料双年展，借助这些展，我们也征集了其中优秀的染织艺术作品。

四、西方时尚

1. 西方时尚大宗征集

当我们计划拓展国丝收藏主体时，目标已经不只是中国的时尚，因为所有的国际博物馆对时尚的收藏并不只是本国的藏品，他们的收藏肯定是全球的。在全球化的时代背景下，我们已经很难分清时尚的国别，中国的时尚和国际的时尚往往融合在一起。所以，我们既然要做时尚，要做时装，就必须有西方的时装，必须有国际的纺织品，中国需要这样一座国际性的时尚博物馆。从 2012 年开始，也就是我们的中国时尚刚刚起步的时候，我们就把目光转向了国际时尚。

2013 年，我们有了一个机会，当时美国有一批较大的以欧美时尚服饰为主的藏品准备转让。了解到这个情况之后，我们给出了较为积极的响应，派出了专门的考察组，

赴美国调研、评估、征集西方时装，2013 年

带着专家和律师，对这批服装进行了调研，一方面查看收藏的情况，另一方面也邀请了国外著名博物馆的同行开展评估，其中包括大都会艺术博物馆时装部、洛杉矶县立博物馆纺织服装部、纽约时装技术学院（FIT）博物馆的同行，征求他们的意见。在经过大量论证后，我们启动了整个征集程序，最后花了一年多的时间，完成了这批近 4 万件 / 套藏品的征集。款式品种多样，包括男装、女装、外衣、内衣，还包括帽子、皮鞋、手套、箱包，甚至是各种时尚的饰品，应有尽有；其年代也相当完整，从 18 世纪到 20 世纪上半叶都有。通过这批时装的收藏，我们基本上就形成了中国最为完整的西方时装的收藏体系。有了这个体系，我馆就在真正意义上成了中国最时尚的一个博物馆，我们虽然还叫中国丝绸博物馆，但也是中国时装博物馆。[①]

2. 区域丝绸与服饰征集

大约在 13 世纪，世界的丝绸生产开始在西方，特别是意大利，形成了一个中心，能生产出非常精美、非常有特色的丝绸产品，如天鹅绒、织金锦，还有大量提花织物。大约在 17—18 世纪，精美的丝绸生产中心又从意大利移到了法国，法国的里昂成了 18—19 世纪丝绸特别是提花织物的生产中心。

---

① 包铭新 . 一瞥惊艳：19—20 世纪西方服饰精品 . 北京：中国科技大学出版社，2015.

这一段历史对于以收藏世界丝绸历史为主体的国丝来说也非常重要，所以在西方时装征集之后，我们又启动了世界各地丝绸实物的征集。在 2016 年，我们就开始了对法国实物的专题征集，在法国的很多地方，包括古董市场、古董商店，还有私人收藏，甚至是在法国某些丝绸厂家的后人手里，我们设法征集到了较大数量的与法国丝绸和服装相关的实物，如面料、服装、丝绸样本、丝线，还有机具，包括法国最为有名的贾卡提花机。这样，我馆藏品在整个世界丝绸史的框架下，建立了一个较为全面的体系。[1]

赴印度调研并征集织机，2018 年

3. 田野调查

对于当代的实物，除了从私人收藏、艺术家和古董商处购买外，当然还可以从田野调查中获得。其实，整个丝绸之路沿途，无论是陆上丝绸之路还是海上丝绸之路，都有非常丰富的丝绸或传统服饰的生产。在欧美之外，国际纺织服饰类博物馆通常把亚洲、大洋洲、非洲或南美洲等地纺织品都归入民族性纺织品，它们之中有许多还在各地进行生产，有许多生产技艺被列入非物质文化遗产得到保护，所以我们可以通过田野调查征集有着准确来源的实物。这样的征集有点像调研课题，我们也是结合展览和研究进行调查和征集的。

2016 年，G20 杭州峰会期间，我们策划了"锦绣世界：国际丝绸艺术精品展"，展示了来自世界各地的丝绸精品，其中一部分是我们向国外的博物馆借的，另一部分我们是通过征集而获取的。展品来自印度、乌兹别克斯坦、东南亚各国，甚至还有非洲的马达加斯加，他们有各种野蚕丝的生产。[2]

2018 年，我馆又举办了"神机妙算：织机世界与纺织艺术"大展，这个展览是迄今为止全世界最大的织机展。展览开始前，我们计划展出世界五大洲所有类型的织机，

所以我们开始了结合田野调查的征集。我馆的研究人员去印度、印尼、泰国、以色列、伊朗等很多国家采访和调查。同时，我们又邀请了联合策展人和展览的合作者，在非洲加纳和马达加斯加，南美秘鲁，还有欧洲丹麦、法国，亚洲韩国等地，征集了许多不同类型的织机，这样我馆收集的世界各地织机有近 30 种之多，基本包括了世界织机的各种类型以及由这些机具生产的产品。在展览开幕时，我们又邀请了织工来我馆进行现场织造和表演，展示了织造工艺的主要环节，这也是我们收藏国外纺织藏品的一个方法。[3]

经过了 30 年的收藏之路，中国丝绸博物馆从单一的、集中在古代丝绸织物和服装的藏品起步，转向近代、现代，甚至当代的藏品；从中国境内开始，延伸至西方时尚和丝路沿线所有国家的纺织品和服饰。我们以中国丝绸为核心，纺织服装为大类，古今中外为时空，针对不同的内容，通过不同的方法，以不同的形式进行征集和收藏。经过这样大规模的收藏，我们一方面践行了"为明天收藏今天"的理念，充实了库房；另一方面实现了博物馆的保护、研究、展示等功能。

没有藏品作为基础，一切无从谈起。

① 赵丰. 荣归锦上：十七世纪以来的法国丝绸展. 上海：东华大学出版社，2015.
② 赵丰. 锦绣世界：国际丝绸艺术精品集. 上海：东华大学出版社，2019.
③ 赵丰. 神机妙算：世界织机与织造艺术. 杭州：浙江大学出版社，2019.

第一部分

中国篇

第一章

历代遗珍

◊ **纺轮**

Spindle Whorl

2014.76.2

新石器时代 陶

直径 3 厘米，高 1.6 厘米

余杭三亩里新石器晚期遗址出土

　　纺轮在新石器时代遗址中的分布范围很广，纺轮的直径和重量各不相同，但在中心都打有一个圆孔，在其中插入捻杆后，可利用其自身的重量和连续旋转对纤维进行加捻，使之成纱，这就是自新石器时代早期已开始使用的纺线工具，称为"纺专"。这种原始纺纱技术在我国偏远少数民族地区目前仍有使用，如佤族、怒族、彝族、布朗族、藏族等使用的纺轮与考古发掘出土的纺轮的形制几乎一样。

◊ **交龙对凤纹锦**

Jin Silk with Crossed Dragon and Confronting Phoenix Motifs

1232

战国 丝

（上）长 11 厘米，宽 33 厘米

（下）长 12 厘米，宽 20 厘米

Michael Franses 夫妇捐赠

　　残片，织物组织 1 : 1 平纹经重组织。织物图案以一对龙身和一对凤鸟形成大型菱形框架，中间再填以太阳纹、小几何纹、鸟纹等纹样。图案循环经向 5.9 厘米，纬向应为通幅，约为 50 厘米。

上

下

◇ 对龙对凤纹锦

Jin Silk with Confronting Dragon and
Phoenix Motifs

1606
战国　丝
（上）13 厘米 × 13 厘米
（下）10 厘米 × 19 厘米
Michael Franses 夫妇捐赠

　　此锦采用平纹经重组织，其纹样主题
为对龙、对凤和对虎纹样，中间穿插各种
小型几何纹、杯纹和象征太阳的星纹。
　　同类织锦在湖南长沙左家塘战国晚期
墓中也有发现。

上
—
下

◇ 菱格鹿纹罗

Gauze with Lozenge Pattern

T0001

战国 丝

14 厘米 × 13 厘米

浙江安吉五福村楚墓出土

此件菱格鹿纹罗是暗花罗织物，在四经绞地上以二经绞组织显花。在菱形图案之间还有一动物图案，四足，头部有两角，可能为鹿一类的动物，在此动物的上部还有一长有五个枝丫的树形图案。值得注意的是此件织物的图案设计原应为上下对称，但在菱形下端的部分出现了错织现象，推测可能织造时在提升综片 N 时，原应继续提升综片 N+1、N+2、N+3……，却以 N-1、N-2、N-3……N-3、N-2、N-1、N、N+1、N+2、N+3……提升综片，这也是多综式提花机在当时已被使用的证明。

五福村楚墓位于浙江安吉，浙江省文物考古研究所与安吉县博物馆于 2006 年对其进行了抢救性发掘，出土了方孔纱、经锦锦带等，这些丝绸文物的发现填补了浙江丝绸史的空白，说明浙江丝绸在战国晚期至西汉初年已很发达。

◇ 格子纹罗

Gauze Silk

0120
汉　丝
10.4 厘米 × 3.5 厘米

◇ 波纹锦

Jin Silk with Wave Pattern

0086
汉　丝
10 厘米 × 19 厘米
新疆楼兰出土
新疆维吾尔自治区文物考古研究所赠

此件织物较为残破，以典型的链式罗组织织成，经纬线分别使用多组色丝，形成棋格纹样。

此件织锦采用平纹经重组织织造，以绛红色经线作地，蓝色经线显花，波纹图案。锦片出土于新疆若羌罗布泊沿岸的楼兰遗址。汉武帝击败匈奴后，东通敦煌，西北到焉耆、尉犁，西南到若羌、且末的楼兰地区成为丝绸之路上重要的通道，并繁荣一时。

◇ 延年益寿长葆子孙锦

Jin Silk with Inscription "Longevity and Everlasting Blessings for Posterity"

0085
汉　丝
56.5 厘米 × 14.5 厘米
新疆楼兰出土
新疆维吾尔自治区文物考古研究所赠

　　此件织锦采用平纹经重组织织造，以绛红色经线作地，蓝、黄、绿、白等色经线显花，其中绿、白两色经线分区交替，是典型的汉式云气动物纹锦。其图案以穗状云气为骨架，其中穿插奔跑的神兽，能辨认的有龙、虎、鸟等图案，表现了人们想象中的天上仙境。在云气和动物纹间织有"延年益寿长葆子孙"八字铭文，寄托了人们祈求长生、渴望保佑子孙绵绵无极的心愿。

◇ "恩泽"锦

Jin Silk Inscribed with "Generous Harvest"

3063

汉　丝

70 厘米 × 10 厘米

　　此锦共由两块织物拼缝而成，其经线共有五色，并时有少量黄褐色丝线间隔，使之有雨丝之感。织锦采用连续的云气纹作为骨架，有些地方还表现出了岩石的形象，云气之中分布着立鸟、羽人、身带豹斑的辟邪、神鹿和猛虎等神兽。其中织有铭文，目前保留下来的铭文可连成完整的句子"恩泽下岁大孰宜子孙富贵寿"，表达了人们对长生的渴望和荫及子孙的观念。

◆ 对鸟对兽"宜王"锦袍

Jin Silk Robe with Bird and Beast Motifs
and Inscription "Good for Prince"

2011.7.1

汉晋　丝

衣长 125 厘米，通袖长 204 厘米

该件袍服对襟、窄袖，下摆较为宽大，但两侧并无开衩。整件袍服采用对鸟对兽"宜王"锦制成，织物设计巧妙，部分采用 1：1 平纹经重组织织造，部分采用 1：2 平纹经重组织织造，局部织入墨绿色经线，使之呈现雨丝效果，同时在图案的花心部分加织一组深红色经线，使图案更为突出。

◆ 刺绣蔓草纹锦袜

Jin Silk Socks Embroidered with Scrolling Tendril Motif

2011.7.2

汉晋　丝

均为 35 厘米 × 19 厘米

此对锦袜已经过修复，整体呈筒状，上端开口，其中脚面部分采用对鸟对兽"宜王"锦，由多块锦料拼缝而成，脚跟部分则采用红色绢制成，其上用米白、绿等色丝线以锁绣技法绣出蔓草，其形制与新疆民丰尼雅遗址出土的"延年益寿大宜子孙"锦袜相似。

◆ "岁大夒常葆子孙息兄弟茂盛"锦袖头

Jin Silk Cuff Inscribed with "Longevity and Stability, Protection of Offspring and Prosperous Harvest for Descendants Good Wish to Thrive the Elder and Younger Brothers"

3624

汉晋　丝

均为 25.5 厘米 × 16.5 厘米

　　原物应为一只袖口，由两块不同的锦织物拼缝而成。其中一块为"岁大夒常葆子孙息兄弟茂盛"锦，在新疆尼雅出土有相似的织物，其铭文较为完整，为"恩泽下岁大夒常葆子孙息兄弟茂盛无极"。另一块则是连璧纹锦。锦上可见兽纹、云气人物纹及"宜"字等。

◇ "无极"锦

Jin Silk Inscribed with "Endless"

3268

汉晋 丝

29厘米 × 18厘米

这是汉代常见的云气动物纹锦，以平纹经重组织织成。其中织有铭文，目前保留下来的有"无极"二字。

◇ **楼堞对兽对人纹锦**

Jin Silk with Confronting Animals
and Human Figures

2011.7.3
汉晋 丝
35 厘米 × 20 厘米

　　此件经锦织物由多块残片拼缝而成，
其图案骨架由涡云纹样构成，并呈波状
排列，卷云之间又有直线相连，形成层
层叠叠的楼堞纹样，中间装饰有龙、凤、
虎、鹿以及手持武器的人物等图案。在
空白处还织有铭文，目前可辨认出的有
"文""阳""锦"等字。

◆ **绞缬绢衣**

Tie-Dyed Jacket

2513

北朝　丝

衣长 79 厘米，通袖长 178 厘米

此件上衣基本为对襟、短身，两襟微微相交，喇叭形宽袖，属于当时流行的襦，衣襟上有红、褐两根系带。衣身面料采用褐地绞缬绢。绞缬又名撮缬、撮晕缬。《一切经音义》"系缯染，解之成文曰缬"，利用绞缬防染形成的中空方格纹，多是用绑扎法制作完成，即用丝线将绢帛打结，投入染缸中染色，染后拆去扎线，解开之后就形成图案。这种绞缬工艺在魏晋南北朝时期十分流行，无论贵族还是平民都可服用，在从东到西的壁画如高句丽壁画及龟兹壁画中也均可看到，但保存如此完整的绞缬服装尚不多见。

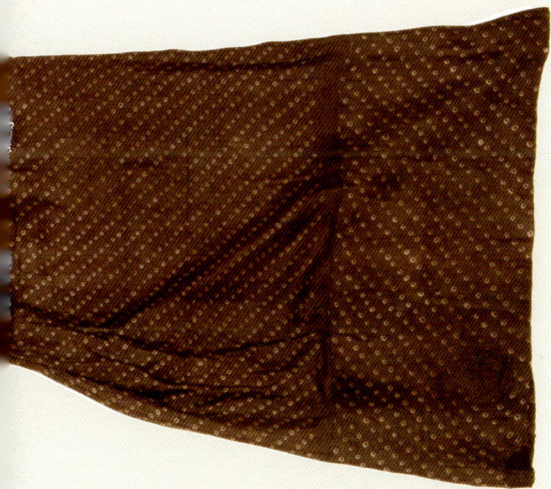

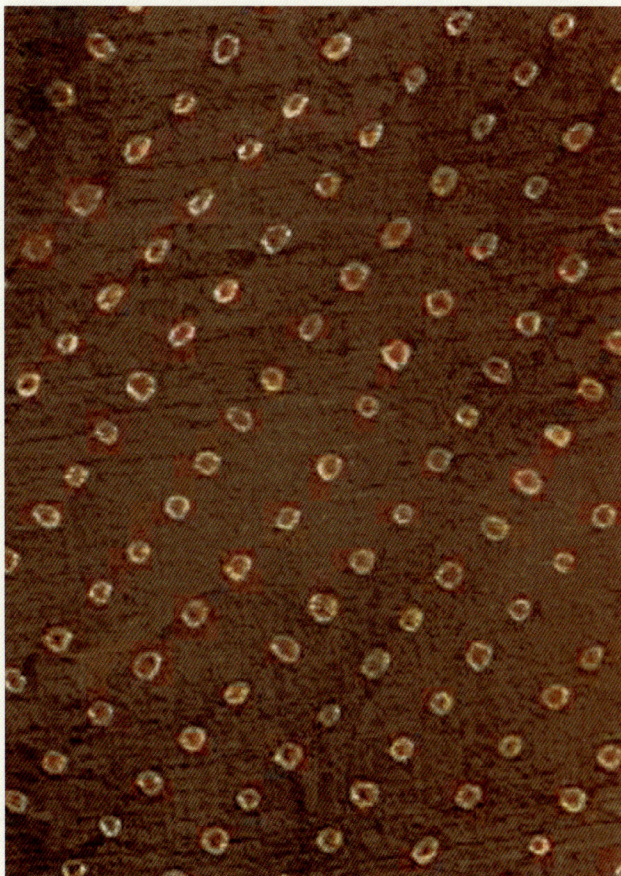

◆ 对饮纹锦袍

Jin Silk Robe with Confronting Drinkers

2018.101.1

北朝至隋　丝

衣长 112 厘米，通袖长 220 厘米

　　此件袍服采用对饮纹锦制成，有两种联珠圈，一种为两人站立举杯对饮、一种为两人托腮对坐。每个联珠圈被分别位于水平和垂直方向上的两个花朵纹等分，同时每个联珠圈也与上下左右四向的其他联珠圈共享这些位于四等分点上的花朵。对饮人物身着窄袖长袍，腰系皮带，脚穿长筒尖头靴，上身微微前倾。

◇ **褐绢锦缘帽**

Brown Silk Hat

2502

北朝 丝

宽 25 厘米，高 25 厘米，带长 47 厘米

　　此帽由三部分组成，即帽身、木件装饰和
飘带。其中帽身为双层，衬里采用浅褐色素绢
制成，外部主体部分以褐色素绢制作，四周以
经锦缘边，该经锦以褐色经线作地，白色经线
显花，局部加织蓝绿色经线，纹样类似于四瓣
花卉及茱萸图案，在帽身下方及前口处还缝有
皮革。帽身上沿前端，双层打孔，内穿黄绢带，
用以绑系一件以整木削刻而成的木质顶饰，上
面有规律地打有孔洞若干，推测原来应插有羽
毛状装饰物。在木饰件靠后的帽身顶沿还缝缀
有飘带装饰，共有四条，其中两条为深褐色绢，
两条为褐色绞缬绢，飘带上还缝有以蓝、褐、
深褐等色绢片制成的三角形装饰。

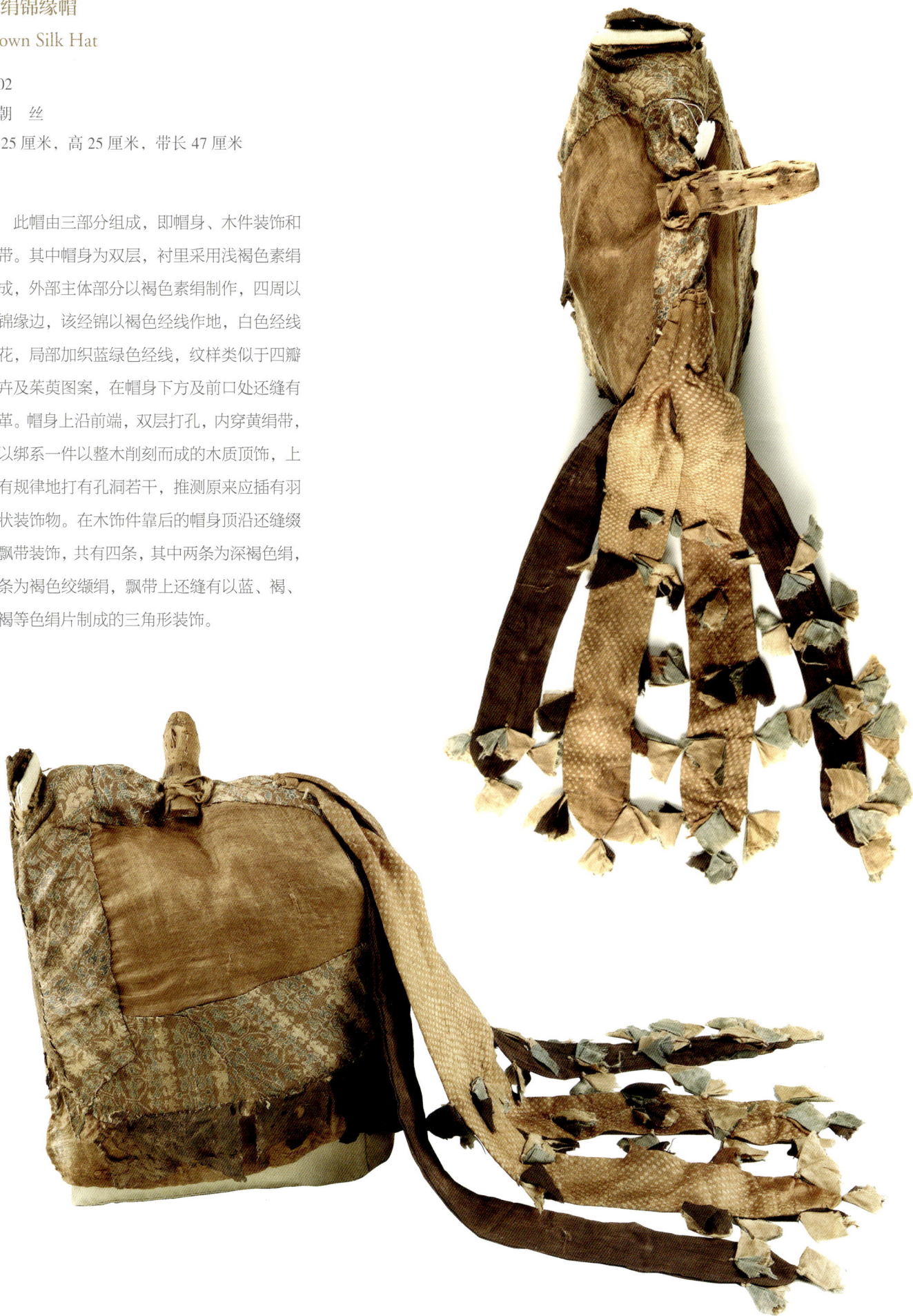

◆ 黄地彩绣方格纹靴

Silk Boots Embroidered with Check Pattern

2729

北朝　丝

均为 28 厘米 × 16 厘米

　　此绣件可能为一对靴面，缺靴底。靴面分为上下两部分，上部为靴筒，下部为靴面，靴的头部微翘，靴筒和靴面材料相同，都是在黄色绮上绣以方格纹样，共有三层，以朵花组成最外部的框架，细密的棕色线绣出第二层方框，最里层上绣有九个小正方形，其铺满的绣线颜色深浅交替，整个布局简洁雅致，不愧为刺绣日用品的佳作。

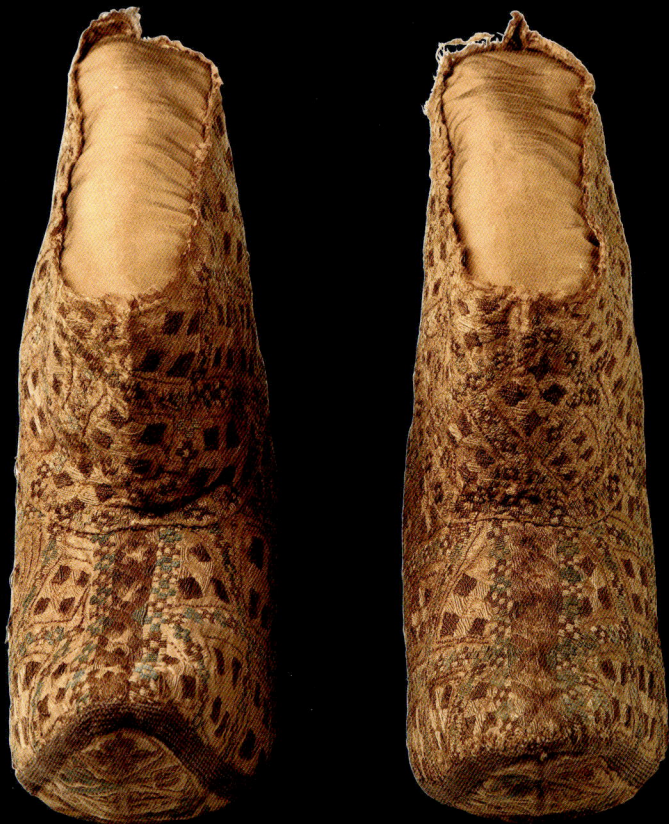

◆ **刺绣人物花卉纹袖头**

Cuff Embroidered with a Human Figure and Floral Motifs

2710

北魏　丝

25 厘米 × 20 厘米

　　此件织物原可能是一件衣服的袖口，采用双层面料，袖面由两片本白色绮拼缝而成，其中较窄一片略呈喇叭状，应是袖口部分，其与内侧袖片接缝处，仍见有少量压褶。

◆ **树叶锦鸡鸣枕**

Jin Silk "Crowing Rooster" Pillow with Leaf Motifs

2679

北朝　丝

35 厘米 × 27 厘米

　　此件锦枕以树叶纹锦制成，采用平纹经重组织织造，其中蓝、白两色经线间隔排列，其上用红色经线显花。锦枕两头上翘，形如公鸡，称为鸡鸣枕，以表示睡时可以听到鸡鸣而醒来的意思。此类树叶图案应是受了西方艺术风格的影响，在北朝时期得以较广泛地流行，在吐鲁番出土的 6 世纪文书中也有"树叶锦"的明确记载，当指此类织锦。

◇ 暗红地联珠新月纹锦覆面
Jin Silk Face Cover with Pearl Roundels and Crescent Moons

2749
北朝 丝
31 厘米 × 30 厘米

此件覆面以各色绮织物作边饰，正面为太阳神纹锦，反面则绣有联珠新月纹样，是中亚一带非常流行的装饰图案，此后在新疆阿斯塔那出土的当地织锦上也可看到，说明了这类纹样沿丝绸之路的流行。

暗红地联珠新月纹锦覆面
Jin Silk Face Cover with Pearl Roundels and Crescent Moons

◆ 云气动物纹锦

Taquete with Cloud and Animal Motifs

2810

北朝　丝

63 厘米 × 46 厘米

　　此件织物经纬线均为 Z 捻丝绵线，采用平纹纬重组织织造，是典型的绵线纬锦。此类织物的门幅的规格通常为张（长 2 米，宽 1 米），图案多模仿汉式织锦，以挑花方式起花，因此纬向循环，但经向不循环。

◇ 对狮对象牵驼人物纹锦

Jin Silk with Grooms, Camels, Lions and Elephants

2520

北朝 丝

53 厘米 × 62 厘米

此锦以对波纹为骨架，骨架中排列各种不同的纹样母题，原织物中间为一典型的庙宇式结构建筑，室内有一正面坐像，很有可能是一尊佛像，室外左右两边各坐一人，表现的可能是一佛二弟子的造像。两侧各有三组纹样，从左到右分别是走象、卧狮和牵驼，其中驼下还织有铭文"胡"字，极可能表现的是丝绸之路上的胡商形象。同类织锦发现甚多，见于报道的有新疆吐鲁番出土的"胡王"牵驼锦、狮象纹锦和青海都兰出土的对狮对象牵驼纹锦。

◈ 莲花狮象纹锦

Jin Silk with Lotus, Lion and Elephant Motifs

2011.26.6

北朝　丝

90 厘米 × 26 厘米

　　此件平纹经锦图案以双线条构成的六边形作骨架，最左侧的六边形中为一狮子图案，狮子后腿跪地，前腿一只伸直，另一只则高高扬于头前，作回首状，尾部上翘，在两条前腿间则织有"宜"字，头尾之间织有"王"字，前后腿间织有"大吉"字。狮子原产于非洲和南亚等地区，东汉时期随着佛教东传进入中国，成为一种吉祥的图案，出现在汉画像石等处，但在丝绸上却迟至北朝才出现，在新疆阿斯塔那出土的北朝对狮对象纹锦和方格兽纹锦等中都可见其形象。在狮子的右侧是一大象图案，象鼻垂地，背上驮一房屋状建筑，其中共坐着四个人，中间两个是正在演奏的乐人，其中一个乐人竖抱一状如半截弓背的乐器于怀，正是由西域传入我国的竖箜篌。在乐人之前有一人一手持象钩，可能为驭象的象奴。大象的右侧是一莲台，莲台最下方有九瓣莲花装饰，上方则置一宝珠，后有背光装饰，莲台的左右两侧各长出一两枝莲花，在莲座左侧织有"白"字。相似的织物在一些私人收藏中也可见到，综合这些织物可推测，此种狮象莲花纹锦的图案当是以莲台图案为中心，狮象图案成镜像对称排列于两侧，从右到左织有铭文"师（通'狮'字）子连（通'莲'字）华（通'花'字）右（通'佑'字）白宜王大吉"，因此其在纬线方向并没有真正的纹样循环，而是在一个门幅中只有一个完整的纹样，幅宽约为54厘米，而其经向循环则为13.5厘米。

◈ **莲座双翼树纹锦**

Taquete Silk with Motifs of Double
Wings on a Lotus Throne

2737

北朝　丝

86 厘米 × 42 厘米

　　双翼纹样在萨珊波斯时期的艺术品
中十分常用，在当时的建筑部件中就有以
双翼和树纹相结合，以及双翼上的字符纹
和双翼中的冠饰纹的实例，其中的双翼有
可能是鹰的象征。同类的双翼纹还大量
出现在萨珊时期的王冠上，Khusraw II
（590—628 年）、Buran（630—631 年）、
Hormuzd V（631—632 年）和 Yazdijird
III（632—651 年）四个王的王冠上都使
用了双翼以及星月纹，说明了双翼纹在当
时波斯社会中的地位。北朝前后，这种双
翼纹沿丝绸之路传入中国，并出现在汉地
的经锦织物上，在新疆等地均有出土。

◇ **太阳神纹锦**

Jin Silk with Helios on Chariot Motifs

2011.8.2

北朝　丝

47 厘米 × 21 厘米

　　此锦由多片经锦织物缝制而成，中间一片较大，其图案骨架由卷云联珠构成，沿经线方向连续展开，在骨架连接处用小花作纽，纬线方向图案不循环，骨架亦不相连，在上下两排联珠骨架之间装饰有对鸟图案，长尾羽，作展翅欲飞状，似为朱雀之类。目前仅残留有两组联珠图案，其中上排卷云联珠窠内为太阳神图案，太阳神头戴饰物，头顶似有车盖，身后为展翼扬尾凤鸟，双手合十交脚坐在一由四匹马拉着的车上。下排卷云联珠窠内的图案按上下顺序可分为三组：第一组是象上琵琶；第二组是狩猎图案，左右各一骑士回首张弓射向马后的野兽；第三组是两只奔跑的动物，可能为鹿。这类图案的织锦流行于北朝晚期。

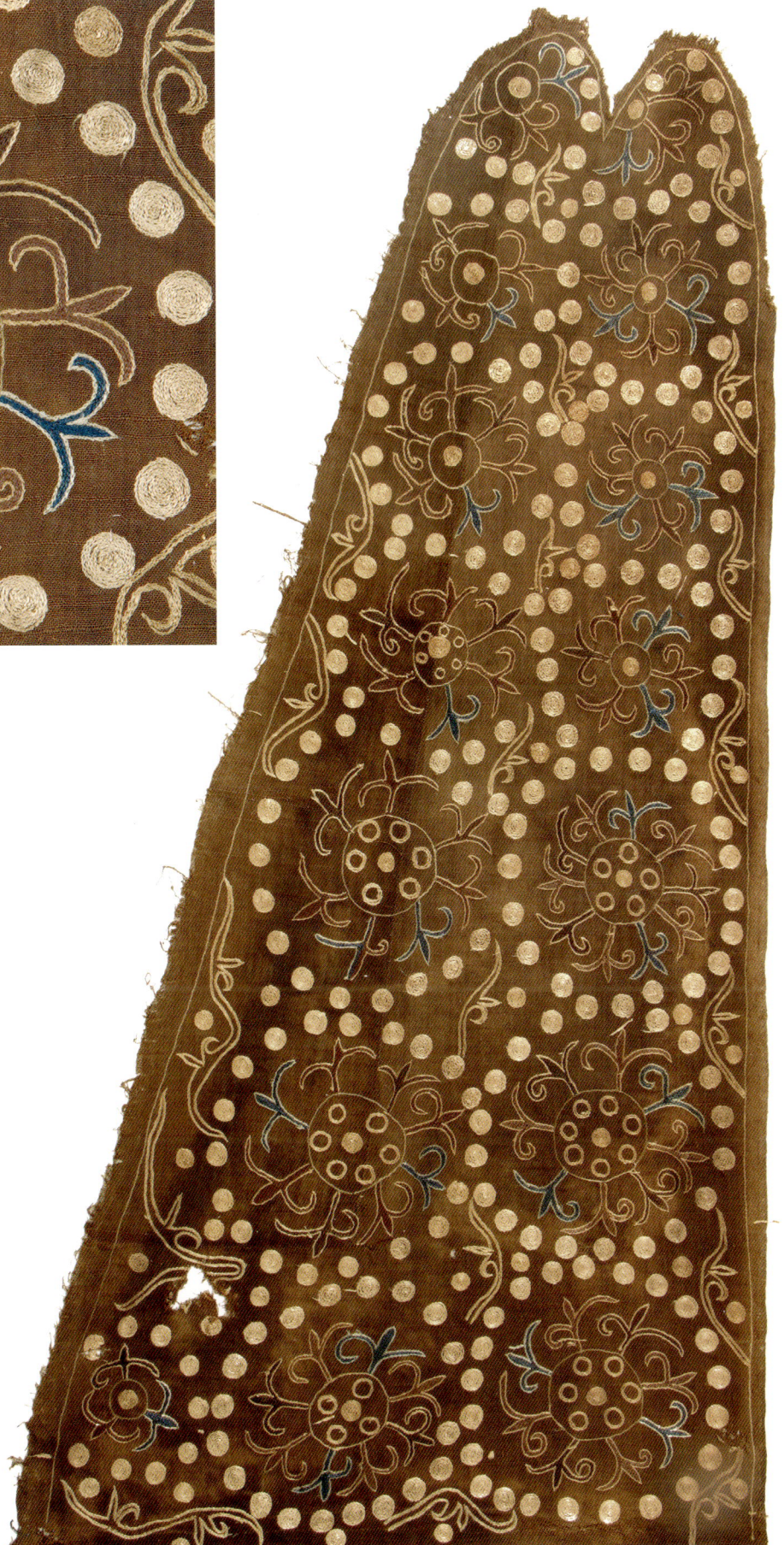

◇ 联珠团花纹绣

Silk Embroidery with Pearl Roundels
and Flower Medallions

2682

北朝 丝

81 厘米 × 33 厘米

　　该件绣品以褐色绢为地，用蓝、绿、
黄等色丝线绣出联珠窠，窠内填以团花纹，
花心如莲子，也为联珠，四到七颗不一。

◆ 锦袖花卉纹绫袍
Twill Damask Robe with Floral Medallions

2512
唐　丝
衣长 128 厘米，通袖长 228 厘米

此袍左衽，交领，窄袖，后片中间开衩。整件袍子以宝花纹绫为主要面料，宝花直径大约为 44 厘米，由里到外共三层，最里边是正面开放的重瓣花卉，中间是八朵卷云纹样，最外层是八朵盛开的莲花，极为华丽，是盛唐时期宝花的典型代表。袍子左右袖子都有一段浅褐色花卉纹绫，其组织与宝花纹绫相同，但在纹样上略有所不同，宝花最里边是正面开放的重瓣花卉，中间是带有枝干和叶子的侧视花卉，最外层是八朵盛开的花蕾状花朵，在这些花下还装饰有飞翔的鸟鹊，属于景象宝花之类的纹样。在袍的袖口部分分别装饰有两条宝花纹锦缘，其图案题材仍是装饰性很强的蕾式宝花。

◆ **瓣窠对马纹锦袍**

Samite Robe with Petal Roundels and
Confronting Horses

2011.15.6

唐　丝

衣长 128 厘米，通袖长 105 厘米

此袍为一字竖领，半袖，下摆两侧开衩。整件袍服以斜纹纬锦织物制成，其主体图案为一瓣窠，内有两匹相对而立的马，头微低，颈后有一飘带，一足扬起，立在一"T"状花台上。花台的主干底粗上细，呈三角锥形，台身由多片瓣状叶片组成，叶片微卷，最外叶则呈刀状，因其形似棕榈树，有时也被称为"棕榈花台"。在团窠外的空隙处，则是两头作交叉飞扑状的猛兽，身上装饰有小花图案。

◇ **小团花纹锦袍**

Jin Silk Robe with Flower Pattern

2011.7.6

唐 丝

衣长 140 厘米，通袖长 130 厘米

此件锦袍右衽、交领，原可能为长袖，现只保存有袖根部分。此袍以经锦为面料制成，在土黄色地上以深蓝、浅蓝两色丝线显花，并以白色丝线勾边，其中深蓝、浅蓝两色丝线根据图案要求间隔排列。其图案为三瓣型朵花纹样，中间部分为瓣型花蕊。

◇ **团窠宝花纹锦袍**

Samite Robe with Floral Medallions

2019.33.2
唐 丝
衣长 142 厘米，通袖长 134 厘米

此袍经修复，偏衽、翻领，两袖残缺，半袖还是长袖不详。织物组织为黄色作地的斜纹纬锦。图案是典型的唐代团窠宝花纹，大窠的宝花以八朵正面花瓣为花蕊，再以八朵盛开的侧式宝花为第二层，最外层也为八朵花叶兼存的宝花，层层宝花开，十分华丽富贵。

◆ 仙人跨鹤纹绮袍

Damask Robe with Motifs of Immortal
Riding Crane

2014.22.1

唐　丝

衣长 154 厘米，通袖长 249 厘米

此件为圆领袍，红色同向绫作面料，图案
以卷草纹为大团窠，窠内是一位仙女骑乘于一

♦ **瓣窠对鸟锦袜**

Samite Sock with Petal Roundels and
Confronting Birds

2013.16.1

唐　丝

脚长 32 厘米，长 59 厘米，宽 28 厘米

　　该袜子仅剩一只，袜底已残缺，整只袜子都采用瓣窠对鸟纹锦制成，在瓣窠内有两只相对而立的鸟站在棕榈花台上，口里共同衔着一项链状物，下垂三串缀珠。瓣窠外装饰的立鸟图案与窠内相似。

◇ 套环宝花纹绫风帽

Twill Damask Cap with Floral Medallions

2728

唐 丝

43 厘米 × 35 厘米

此顶风帽以黑色暗花绫为面料，其图案是套环宝花纹；衬里为红色暗花绮，交波花卉纹样。帽头整体呈圆盘状，以六片三角形面料连缀缝合而成，每两片面料间有少量捏褶，以使四周收量匀称。帽子两侧及后部有垂至颈肩的帽披，具有御寒保温、遮风挡沙之功能，因而称为"风帽"，在鲜卑族中十分流行。但自北魏孝文帝改制冠服后，部分鲜卑男子渐改编发习俗为束髻，同时又因居住地南迁，帽后的披幅逐渐失去存在的必要。进入隋唐以后，虽然仍有头戴风帽的人物形象出现，但比例已逐渐减小。

◆ **团窠联珠花树对鹿纹锦帽**

Samite Hat with Motifs of Pearl Roundels,
Floral Trees, and Confronting Deer

2013.16.2
唐 丝
头围 50 厘米，帽长 32.5 厘米

整顶帽子的款式与笠帽较为相似，其中帽冠部分由六片圆三角形织物拼缝而成，帽檐采用的面料与帽冠部分相同，但由于残留下来的织物较为细碎，图案全貌已难知晓，可推测出其主题图案为一拱形的联珠窠，中间是一棵花树，两侧各有一直立的鹿（或羊？），两前腿高举，搭在树上。在花树上方是两头奔跑的野兽，相向而跑。同时，在帽檐和帽冠相交处还缝有三十五根垂带，其分布十分规律，以四根浅米黄色、一根深褐色垂带的规律排列。浅米黄色垂带采用菱格纹暗花罗和暗花绫制成，深褐色垂带则采用菱格纹暗花罗制成。

◆ **缂丝饰件**

Kesi Tapestry Accessory

2013.16.8

唐　丝

18 厘米 × 16.5 厘米

此缂丝饰件已被裁剪成为"T"型，四周以红地纬锦织物缘边，缂丝采用了"搭梭"等技法，图案则是唐代典型的花卉和立鸟纹，类似的图案在敦煌莫高窟出土的缂丝织物上也能见到。

通经断纬技术起源于地中海沿岸，进入欧亚大陆后，一路向东传播。在中国新疆境内发现的几件汉缂毛织物，图案多带有希腊化风格。在中国西北地区被本地化后，约在初唐至盛唐时期，即公元 7 世纪，缂毛工艺又被引入到丝绸生产中，产生了缂丝，两者在技法上几乎无区别。

◇ **绛色朵花印花纱**

Plain Gauze Printed with Flowers

0105

唐 丝

12 厘米 × 10 厘米

新疆阿斯塔那出土

新疆维吾尔自治区博物馆赠

此件地部为 1：1 平纹纱，纱的意思是指可以"漏沙"的织物，非常轻透。图案是以印染工艺印制的朵花，花间交错排列。

◆ **立狮宝花纹锦**

Samite with a Lion in a Floral Medallion

2731

唐　丝

44 厘米 × 29 厘米

此件织锦虽然只有蓝黄两种色彩，但其图案极为华丽，以大窠花卉为环，环中是一站立的狮子，环外是花卉纹作宾花。这种花卉已具写实风格，枝叶繁茂，花的造型总体如牡丹，但其中的花蕾却如石榴。花卉环中的动物纹样创自唐初期，称为陵阳公样，是将西域传入的团窠联珠环内的动物纹样与符合中国审美的花卉纹样相结合的典型产物。此件织锦采用辽式纬锦，而且其纹样已带有自由的写实风格，应是陵阳公样在唐晚期流行的典型代表之一。

◇ 花卉纹刺绣夹缬罗

Gauze with Embroidered and Clamp
Resist Dyed Floral Motifs

2478

唐 丝

112 厘米 × 54 厘米

此件织物的主体为一件菱形暗花罗，其上以平绣针法绣出一些单独的小花，呈直线状排列，非常自然淡雅。在某些绣线脱落的地方，还可见蓝黑色的轮廓线，可能是刺绣图案所用的底稿。在织物的右边是一条宽约 10 厘米的刺绣带，原来可能是衣襟之类，带上用彩色丝线平绣出花树、鸾凤和蝴蝶等纹样，十分写实。此类纹样始于唐中晚期，实物基本不见，只在敦煌壁画中的服饰图案上还可看到一些。织物上还钉缝有两块多彩夹缬罗，其底料也是菱形暗花罗。夹缬是用两块对称雕刻的凸版相对夹持进行染色，这样，织物上有凸版夹住的地方就无法染上颜色，起到防染作用，而未被夹住的地方则染成深色。利用凸版分隔不同未夹区域并注入不同染料从而使织物染出不同的色彩，就是多彩夹缬。

◆ 狮子花树对饮刺绣

Embroidery with Lions and Drinkers

2011.57.7

唐　丝

282 厘米 × 38 厘米

　　此件绣品似为帐篷内的挂件。图案布局为正中有一兽面，两侧各有一幢建筑，再外侧各有两大一小三只狮子，中间点缀花树若干。建筑内有男女两人席地而坐，男性者持杯，正在饮酒；女性披袍，似在陪伴。整个图像之下有联珠纹装饰。

　　此件绣片以劈针针法绣成。在现存刺绣实物中锁针是出现最早的针法，其特点是前针勾后针，从而形成曲线针迹，自商周、战国至秦汉，所出土的绣品几乎都采用了锁绣针法。南北朝时期，由于佛教的盛行拓宽了刺绣题材，善男信女往往不惜工本，以绣像来积功德，同时绣工开始尝试用后一针接在前一针丝线中间的劈针来代替锁针，这种针法的表观效果与锁针基本一致，但生产效率大大提高，一直沿用到唐，并最终发展出效率更高的平针技法。

◇ 红地瓣窠含绶鸟纹锦

Samite with Birds Holding Ribbon in Petal
Roundels

2013.16.3

唐　丝

55 厘米 × 49 厘米

此件纬锦织物共有两个较为完整的瓣窠图案，团窠内为一站在花台之上的含绶鸟图案，花台和鸟的颈部装饰有联珠带，翅和尾用红、绿双色条带装饰，口衔由八颗联珠构成的项链状物，下垂三串缀珠。这种项链样式多见于萨珊波斯金银器上的人物颈部，并以此为载体向东传播，后来被纳入丝绸纹样系统中。鸟的颈后有两条平行的结状飘带，这也是萨珊波斯艺术品中常见的装饰纹样。团窠外布置对称的十样花，以八瓣小团花为中心，四向伸出花蕾。

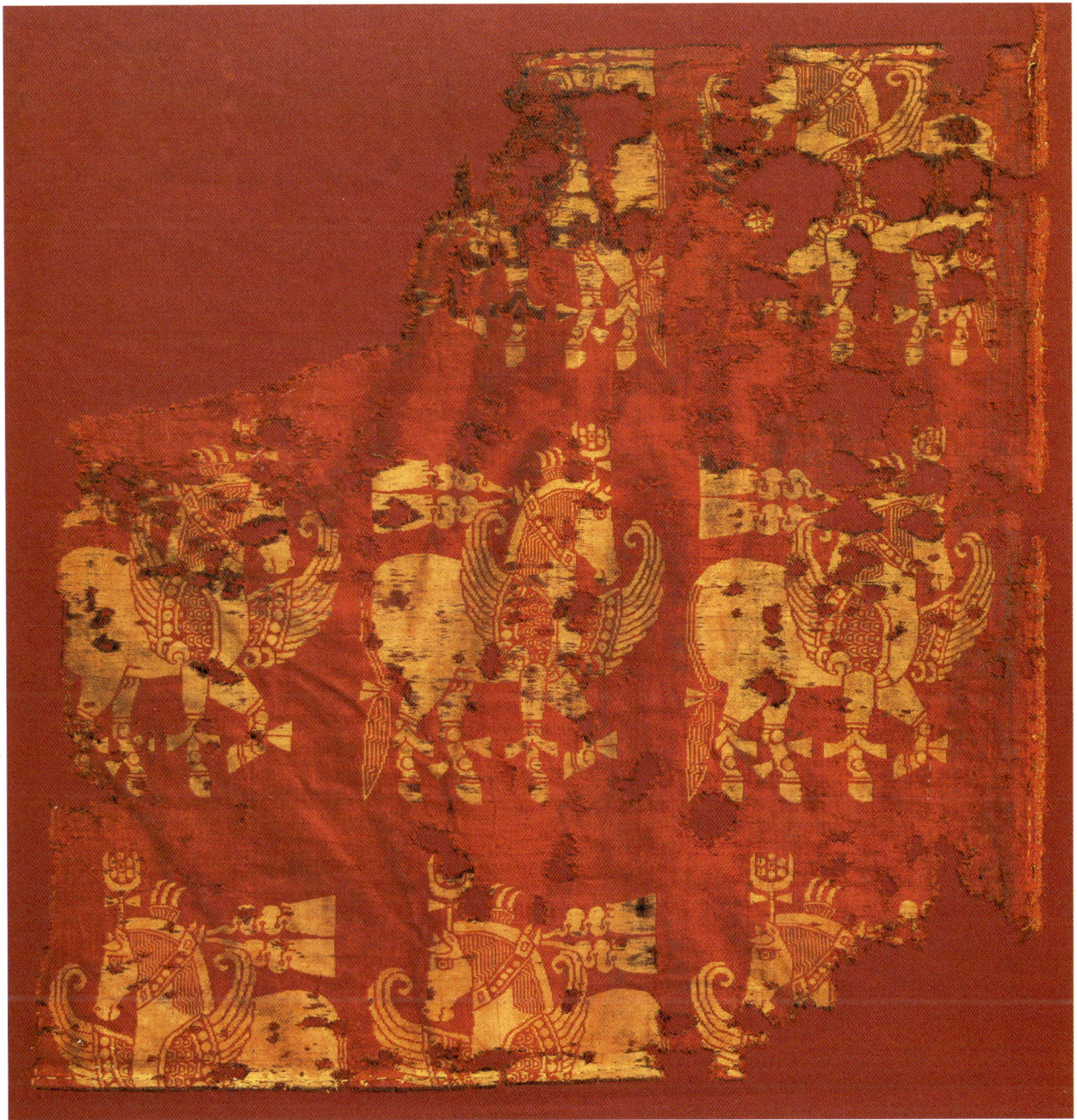

◆ **红地翼马纹锦**

Samite with Pegasus

2686

唐 丝

52 厘米 × 51 厘米

此锦图案为翼马，头戴六瓣小花状冠饰，颈系联珠纹带，身生双翼，翼间亦饰有联珠纹，四足及尾部亦用绸带系缚。其题材来自古希腊神话中海神波塞冬与美杜莎之子珀伽索斯 (Pegasus)，据说它的马蹄踩过的地方便有泉水涌出，诗人饮用后可获灵感。该图案造型具有典型的萨珊波斯风格，是波斯艺术与中国丝绸文化交流的极佳实例。

◆ **团窠联珠翼马纹锦**

Samite with Pegasus in Pearl Roundels

2011.15.1

唐　丝

34 厘米 × 47 厘米

此件残片为斜纹纬锦，目前残留有一个半联珠团窠图案。其中外圈的联珠图案底色由深蓝、红两色构成，较为别致。团窠外装饰有十字宾花图案，团窠之中是一翼马纹样，其原型为古希腊神话中海神波塞冬与美杜莎之子珀伽索斯（Pegasus）。类似的翼马纹锦在埃及的安底诺伊、我国吐鲁番的阿拉沟等地也有出土。

◇ **团窠联珠对狮纹锦**

Samite with Confronting Lions
in Pearl Roundels

3623

唐　丝

38.7 厘米 × 30 厘米

此件织锦虽然较为残破，但其色彩保存情况完好。织物采用斜纹纬重组织织造，以暗红色纬线作地，米黄色纬线显花，局部采用暗红和墨绿两色纬线分区换色。现织物残存两个比较完整的团窠联珠圈，团窠线条并不光滑，联珠图案也不圆润。团窠之内是两只相对而立的狮子，其前腿有一只小翅膀，尾部上翘，站在一个花盘之上。团窠之外则装饰有兽纹图案，作奔跑状。此锦残留的左右两个团窠在细节上有所不同，但这并不说明这两个团窠在纬向不循环。

◆ 黄地宝花锦

Samite with Floral Medallion Motif

2555

唐　丝

14 厘米 × 16 厘米

此为一块斜纹纬锦织物，在土黄色地上以蓝、米等色丝线显花。织物外观呈正方形，以八瓣正视宝花纹样为变化主题，但花型并不完整，可见此纹样的尺寸较大。宝花是一种综合了各种花卉因素的想象性图案，它叶中有花，花中有叶，虚实结合，正侧相叠。取材中有来自印度的莲花形象，又有来自地中海的忍冬和卷草纹样。

◇ **团花对格力芬纹绫**
Twill Damask with Rosettes and
Confronting Griffins

0261
唐　丝
29 厘米 × 27 厘米

此件残片织物组织为 1/3 左斜纹地上起 3/1 右斜纹花的四枚异向绫；经线密度 42 根 / 厘米，纬线密度 24 根 / 厘米。图案主题为对兽团花，在两排对称的兽纹之间间隔一排宝花，对兽长角并卷曲，鹰嘴。该兽应是欧洲神话中的格力芬（griffin），因此，也可称为格力芬纹绫。

◆ **紫褐色罗印金彩绘花边单衣**

Gauze Jacket Trimmed with
Colored Drawing Flowers

0084
南宋　丝
衣长 79 厘米，通袖长 132 厘米
福建福州黄昇墓出土

该单衣合领、对襟，襟上无纽襻或系带。衣身以宋代最常见的二经绞素罗织物制成，轻薄通透，灵动飘逸。单衣襟缘最外侧采用印金填彩工艺，其内两条为彩绘，具有强烈的装饰效果，是宋代盛行的贵族妇女服装。黄昇墓亦出土多件类似款式的罗衣，可见其在当时的流行。

◇ 素罗单衣

Gauze Jacket

1761
南宋 丝
衣长 120 厘米，通袖长 140 厘米
江西德安周氏墓出土

此件单衣对襟、窄袖，长至膝下，两侧开约64厘米高的衩。衣身主体部分以深褐色素罗织物制成，领、襟及袖口处以浅黄色素罗织物缘边，宽约6厘米，领缘处还缝有宽约1厘米的窄边饰。尤为珍贵的是前门襟中部缝有一粒纽扣，用素罗织物制成，是迄今发现的我国最早的纽扣实物之一。

这种款式或可称为"褙子"，是宋代青年女子常穿的服装，《朱子语类》载："褙子本婢妾之服，以其行直主母之背，故名褙子。后来习俗相承，遂为男女辨贵贱之服"，这是褙子由来的一种说法。褙子后又逐渐发展为后妃、贵族的常服。

◇ **小花纹对襟罗袍**
Gauze Coat with Small Flower Pattern

0067
南宋 丝
衣长 128 厘米，通袖长 228 厘米
福建福州福井茶园山墓出土

　　袍为对襟、大袖，右前襟尚存一系带。织物地组织为四经绞罗，花组织为二经绞罗。领边、袖边用褐色罗镶边。经线密度为 72 根 / 厘米，纬线密度为 22 根 / 厘米。图案为点状小花，花循环：经向 1 厘米，纬向 0.7 厘米。袍有内衬，为平纹绢。

◇ **杂宝花罗裙裤**
Gauze Trousers with Miscellaneous Florets

0068
南宋 丝
长 79 厘米
福建福州福井茶园山墓出土

　　该件为女裤，有腰合裆，腿部靠外两侧开，形似今天的裙裤。织物组织为三经绞罗地上起 2/1 左斜纹花。图案折枝散点排列，以"卍"字、金锭、法轮、珊瑚等构成菱形框架，折枝花卉居于其中。

◆ 黄地对鸟麒麟纹锦虎皮帽

Samite Hat with Tiger Skin

3557
宋　丝，皮毛
高35厘米，宽42厘米

此帽帽口为喇叭状，帽顶缝有锥体形饰，以虎皮制成，上插红色羽毛一根，帽缘镶缝毛皮，帽身外部以黄地动物纹纬锦织物制成。可辨出第一行中间为一花树图案，两旁各站一鸟，相对而立，尾羽较长，并有联珠带装饰，可能为孔雀一类；第二行各有一兽，相对而立，一足扬起。

此帽子的形制极富游牧民族特色，与青海阿拉尔墓出土的帽子十分相似。

◆ **虎皮胡禄**

Tiger Skin Arrow Quiver

3560
宋　丝，皮毛
89 厘米 × 11 厘米

　　胡禄，也作"胡鹿""胡簏"或"胡籙"等，《玉篇·竹部》有"籙，胡籙，箭室"，是用来盛放箭枝的器具。这件胡禄以虎皮制成，开口处缝有一块黄地动物纹纬锦织物，与虎皮帽所用的面料相同。由于面积不大，可辨出第一行中间为一花树图案，两旁各站一鸟，相对而立，尾羽较长，并有联珠带装饰，可能为孔雀一类。第二行各有一兽，相对而立，一足扬起。胡禄颈部缝有一革带，另一端与一弓袋相连，同样以虎皮制成，开口处缝缀有北宋"庆历通宝"铜钱一枚。

◆ 团窠四鹰纹锦袍

Samite Robe with Four-Eagle Medallions

3607

辽　丝

衣长 127 厘米，通袖长 188 厘米

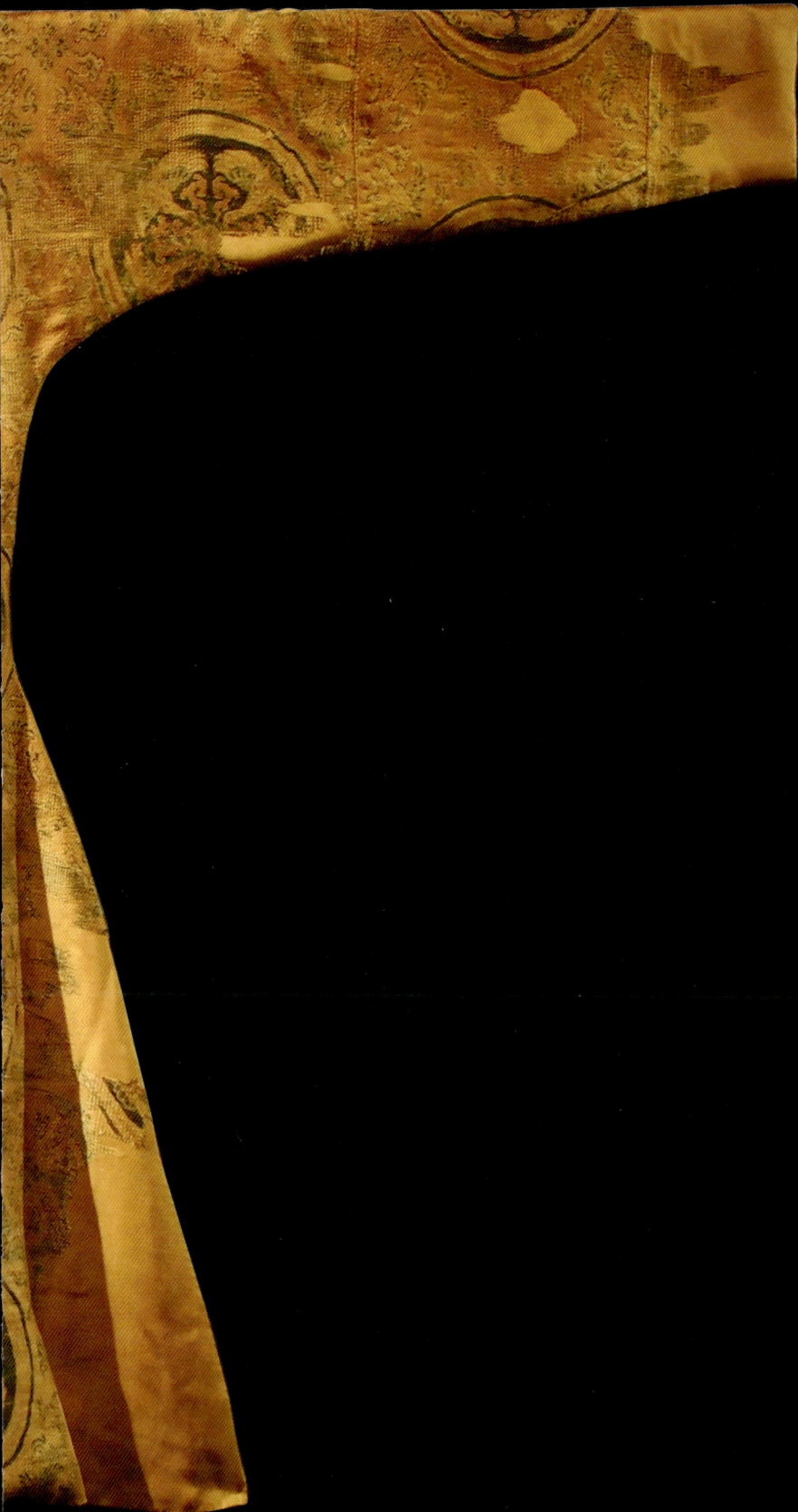

此件袍服以辽式斜纹纬锦织物制成，团窠较大，中间是四瓣小花，四周是四只展翅而飞的鸟，似为海东青，团窠外面同样装饰有海东青图案，只是尺寸较小。锦袍的破损情况较为严重，现已经过修复，圆领、窄袖。在左侧腋下至前腰处，有以同种面料制成的波浪形纽襻，原有锦制的纽扣四颗，现仅存三颗，右侧腰部还缝有锦制纽扣一颗，用途不明。袍子在后下摆的中间处开衩，开衩后左右各有两片梯形小片，顶端缝在后片上，使得开衩后仍然可以起到遮掩的作用。此件袍服是辽较为典型的缺胯袍。这种缺胯的方式始于北朝时期，主要是为了方便骑马；唐时这种缺胯袍多为庶人服用，并成为唐服装中的主要款式之一；到了辽，缺胯袍更为流行，在出土的袍子中十分常见。

◇ **鸽子纹锦袍**
Samite Robe with Pigeon Motifs

3488
辽 丝
衣长 131 厘米，通袖长 216 厘米

    此件袍服以辽式斜纹纬锦制成，由多块残片拼缝而成，图案整体结构不明，推测图案以一棵高大的花树为对称轴，树下各有两只鸽子，呈左右对称，此外在空白处还点缀有山石、植物和蝴蝶等图案。

    这类以花树为中心轴的图案设计源自唐代，但到辽代则极为流行。花树高大，树下图案往往有对雁、对孔雀、对凤或一般的对鸟，也有对狮等，在树梢上则有飞蝶、飞鸟环绕，一片祥和氛围。

◈ **刺绣摩羯纹罗靴**
Gauze Boots Embroidered with Capricorn Motifs

3414

辽　丝

均为长 66 厘米，宽 24.5 厘米

梦蝶轩捐赠

　　从大量辽壁画上所画的靴子形式及已经发现的辽靴子实物可知，除脚底之外，辽的靴子一般都有三个面构成：腿前、腿后和脚面，这双靴子也不例外。其表面以罗为面料，衬绢后一起刺绣，再以织锦为里，制成外表层。

　　这双罗地刺绣靴子以锁绣针法在褐色的四经绞罗地上进行刺绣，丝线色彩有蓝、绿、浅褐、黄、白等多种变化。其图案主题是云纹和简化了的摩羯纹，摩羯头部造型还较为明显，利齿、长舌、密须，如龙首，但身子更像云纹，只有若干圆点进行装饰。摩羯纹边上还有一火珠与云纹同时出现。摩羯纹是辽金时期十分流行的装饰题材，铜镜、金饰、琥珀等上均有大量出现，相比之下，此件刺绣摩羯纹较为简化。

　　靴内锦的正面朝里，虽然图案不是很清楚，但可知是一种球路纹锦，球路是图案的骨架，梭形区内为旋转的双飞凤，两个团窠中均为团花，但一个团窠中似为四朵牡丹，另一个团窠中则为四朵菊花。锦的组织是典型的辽式 1/2 Z 斜纹纬锦，约有三种色彩的纬线进行织制。由于锦的图案十分漂亮，一般均作表面，当用锦作里时靴子表面会显得较为平挺和厚实。

　　在辽的丝绸靴子中，凡是采用缂丝或是刺绣等特殊方法制成的，一般都会以较为奇异的动物为主题，目前已知的有缂金龙纹靴、缂金凤纹靴、刺绣摩羯纹靴等，它们具有较为相似的布局，球路是在腿前、腿后或脚背部分，摩羯纹样总是以对称形式出现。

◈ 绫锦缘刺绣皮囊

Leather Pouch Covered with Embroidery

3433
辽　丝，毛皮
20 厘米 × 22 厘米
梦蝶轩捐赠

抽拉式绣囊，可佩于腰带上。其上部为绫缘，中部为小窠对狮妆金妆银锦，下部以皮为主体面料。其上采用满地锁绣，正反面图案不一，一面是对鸟对蝶牡丹花树纹，另一面则是飞鹰狩兔纹。这里的鹰是海东青，位于画面中心，但尺寸较小。兔在奔跑，还回头察看。在天空中还有大雁等在盘旋。这里反映的其实是契丹人进行秋猎的场面，可称为"秋山"图。

◇ 刺绣莲塘双雁

Embroidery with Lotus and Paired Geese

3422

辽　丝

68 厘米 × 51 厘米

梦蝶轩捐赠

此件绣品本是绣裙裙片，上绣一幅清新雅致、极具江南特色的莲塘小景。这种图案是元宫词中"满池娇"的前身。元朝鲜语文书《朴事通》中对"满池娇"做了解释："以莲花、荷叶、藕、鸳鸯、蜂、蝶之形，或用五色绒线，或用彩色画于段帛上"，正与此件刺绣罗衣上的莲塘鹭鸶非常相似。

当然，这件刺绣莲塘双雁是用作绣裙上的图案，绣裙还有夹锦，并有绢作里。辽的绣裙通常由六幅组成，因此，原来的绣裙上应该有六幅主要的莲塘双雁图。夹在这一刺绣中的另一极小残片上可以看到与此件完全一致的雁头和荷花组合，可知这一裙子确曾存在。

◆ 中窠杂花对凤妆金银锦袍残片
Fragment of Gold and Silver Samite Robe with
Brocaded Phoenix Roundels

0730
辽　丝
53 厘米 × 38 厘米
内蒙古阿鲁科尔沁旗耶律羽之墓出土
内蒙古自治区文物考古研究所赠

　　此件织物原为袍子的前襟部分，其组织较为
罕见，采用在缎纹纬锦上以通经断纬的方式局部
织入金银线的工艺织造而成，称为"妆金银缎纹
纬锦"。其中由小细杂花构成的团窠环由五枚纬
二重组织织成，直径较小，约为 15 厘米，团窠
内对凤图案则用捻金线和捻银线以挖花的方式织
出，相邻的团窠妆金和妆银间隔排列，其对凤图
案具有较浓的唐风格，与辽同时期的凤鸟纹样有
较大区别。

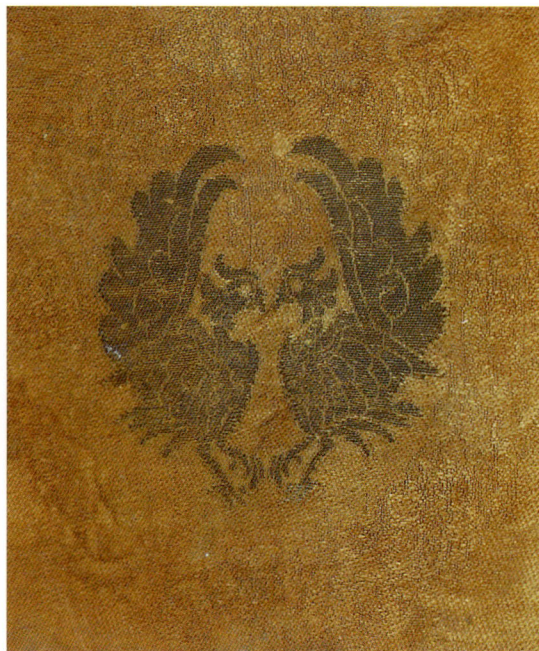

◇ **花树狮鸟织成绫袍残片**
Fragment of Twill Damask Robe with Floral Trees, Birds and Lion Motifs

0769
辽　丝
长 62 厘米，宽 45.5 厘米
内蒙古阿鲁科尔沁旗耶律羽之墓出土
内蒙古自治区文物考古研究所赠

　　残片，有三块，已经修复缝合。原属一件左衽长袍的局部。织物组织为 5/1 右斜纹地，同色纬线妆花，1/5 斜纹固结。织物图案以一枝干向上的花卉（北方也称海石榴花）为主干，树枝上栖有三鸟，树下有一狮子（此残片上已不可见）。这是一件织成式的作品，也是目前所见最早的一件织成实物，整幅图案布局专为当时的盘领袍设计。

◇ **盘金绣团窠卷草对雁罗**

Gauze Fragment Embroidered with Geese
Roundel in Gold Threads

0739

辽　丝

32 厘米 × 16.5 厘米

内蒙古阿鲁科尔沁旗耶律羽之墓出土

内蒙古自治区文物考古研究所赠

　　该刺绣残片为罗袍上的一片，以深紫色
通体纹素罗为地，用纯赤金线盘金绣出图案。
这一团窠卷草对雁纹样具有较强的盛唐遗风。

◇ **织金绫大袖袍**

Gold Twill Damask Robe with Wide Sleeves

2593

元　丝

衣长 145 厘米，通袖长 200 厘米

　　此为元代女性的正式礼服。暗花之上原应有
织金图案，但金箔已脱落，图案当为心形窠中的
飞鸟纹样。肩部隐约可见有云肩，原应也是织金。
领袖部分还有两种不同的纳石失，外为菱形四瓣
花纹，内为菱格四点花纹。

◆ **绿色花卉纹绫印金方搭子半臂**
Gold-Printed Damask Half-Sleeved
Shirt with Phoenix Badge

2594
元　丝
衣长 57.5 厘米，通袖长 68 厘米

◆ **黄地暗花绫地印金卧兽纹对襟上衣**
Gold-Printed Jacket with Motifs

2595
元　丝
衣长 64 厘米，通袖长 156 厘米

　　此件半臂原与黄地暗花绫地印金卧兽纹对襟上衣套穿，衣身部分采用整幅花卉纹暗花绫面料，仅袖口部分有拼接。由于套穿在外面，所以半臂的图案印满全部。其主体图案是小方搭子纹，两肩各有一个三角形的装饰区，下方是较为扁平的云纹和花卉图案，上方是一团窠，内为牡丹图案。背后有一方形装饰区，高 31 厘米，宽 26.5 厘米，印有凤穿牡丹图案，共两则。这种方形图案当时称为"胸背"，源自金代，流行于元。当时的胸背以妆金（包括妆花）为主，也有采用印金工艺，但极少用刺绣，图案包括龙、凤、麒麟或鹿及其他装饰性题材，但并无等级象征意义。胸背的产地甚广，史料中提到的有北方的陕西，江南的苏州、镇江和宁波。同时，随蒙古帝国的扩张，胸背传入西亚，对当地服饰产生了重大影响。后来到了明，中原地区用鸟兽象征官员等级的传统和元胸背的形式相融合，产生了象征官员等级的补子。

◆ **菱地飞鸟纹绫海青衣**

Damask Robe with Flying Bird Motifs

3120

元　丝

衣长 119 厘米，通袖长 224 厘米

该袍衣身面料采用菱地飞鸟纹暗花绫，里衬浅蓝色素绢，左右肩各有一刺绣纹饰，由直径约为 10 厘米的葵花团窠和一底边宽约 24 厘米的缠枝莲花图案构成，采用钉金高绣，即在衬物上进行钉金绣，最后形成一片凸起的纹样。基本款式与普通窄袖袍并无大别，交领、窄袖，但设计巧妙处是在两袖上各有一开口，后背中缝距领子 14 厘米处缝有一悬纽，而两袖距袖口约 16 厘米处各钉缝有一扣襻，因此天热时可将开口以下的长袖反扣于衣背的悬纽上，手臂则从开口处伸出而呈短袖。

◆ **六出地格力芬花绫裤**
Twill Damask Trousers with Griffin
Motifs on a Patterned Ground

3123

元　丝

长 80 厘米，腰宽高 52 厘米，脚口 27 厘米

此条裤子的主体为花绫，图案采用"锦地开光"的形式，即在琐纹地上装饰团窠图案。其中地部为由圆环和直线构成的六出图案，与其相似的图案在宋《营造法式》和元山西永乐宫壁画中也常能见到，"开光"部分则采用六瓣团窠图案，内有一兽，鹰喙、四足、长尾、头生双角、身长双翼，应为格力芬。裤腰上有四个以褐色绢制成的襻，且腰部靠右位置的里面有皮革残留的痕迹，可见当时该裤子的腰部可能是用皮革作衬里。在襻内穿有一根以蓝色素绢制成的腰带，带上还有用于系靴套的蓝色绢带。

◇ 纳石失靴套
Nasij Boot Covers

3121
元　丝
22 厘米 × 30 厘米

此靴套一般穿在蒙古民族传统皮靴的上面，其主体面料为纳石失，纹样在一个循环内共有三行图案：第一行是一只飞鸟和一只立鸟，两者之间是一朵牡丹；第二行是两只野兔，一只前行，另一只后望，两者之间是一朵莲花；第三行则是两只飞鸟，一只如鸾，另一只似雁，雁后是一朵牡丹花蕾。靴套上端以宽约 2.6 厘米的绿色素绢缘边，较凸一头缝有一根以蓝色素绢制成的系带，穿着时系在腰带之上。靴套下端则是宽约 4 厘米的龟背地滴珠纹纳石失缘边，呈如意头形，类似带有如意头形边饰的靴套在内蒙古达茂明水旗也曾有出土。

◆ 八达晕织金锦

Lampas with Latticework

2011.18.1

元末明初　丝

96 厘米 × 52 厘米

Robert Tevis 捐赠

八达晕之名初见于宋元史料，当时有六答晕、八花晕和八答韵等名。结合宋人《营造法式》所载藻井图案名称来看，此名源自当时的搭子纹样。将搭子纹样按一定规律进行排列形成八方相连或是六方相连的图案就可称为八搭晕或是六搭晕。

从大量的明经封面和其他传世品中均可发现，八大晕造型复杂而气势宏大。此件八达晕织金锦是极为罕见的精品，大型的团窠造型、大面积用金以及特结组织的应用，至晚是明代早期的特点。从其团窠与团花的风格来看，其年代也有可能更早。

◇ **龟背朵花纹地瓣窠四狮戏球纹锦**
Lampus with Four-Lion Roudels on
a Tortoiseshell Ground

3612
元　丝
196 厘米 × 61 厘米

此件织物呈长方形，原当为被面等大型织物的一部分，图案采用锦上开光的排列方式，其地部以龟背形做骨架，其中填入朵花纹样，龟背形地上则装饰有瓣窠图案，内为四狮戏球纹样，一边织有条状装饰带，内为朵花图案。

◆ 缂丝玉兔云肩残片

Fragment of Kesi Cloud Collar with a "Jade Rabbit" Motif

2897

元　丝

32 厘米 × 24 厘米

元云肩风靡一时，其图案多为几何形骨架，即由四个均等的如意云头向上、下、左、右四个方向作对称发散状。在云肩轮廓线内外的图案不同，内部多为折枝花卉、海石榴、群龙戏珠、灵芝云、凤穿牡丹、三足鸟日纹、玉兔月纹、盘龙等纹样；外部则为折枝花、回首鹿、狮子、紫汤荷花等，其图案主题显示了汉族文化、蒙古族文化、伊斯兰文化的融通。此件残片原应为云肩左肩的一部分，以缂丝方法制成，下方是卷草型云肩轮廓，装饰有满地的折枝牡丹花卉，配以叶子和花蕾，中间的团窠内一只玉兔正在桂树下捣药，象征着月亮，正是史书所载的"日月云肩"。团窠之上是元常见的灵芝云，其上有龙戏珠图案，但龙只有半条残留下来。

◆ 兔纹织锦补
Samite Rank Badge with a Rabbit

2018.83.1

元　丝

30.5 厘米 × 27.5 厘米

此件元补子以妆金的方法织入捻金线，但现在捻金线表面的金已基本不存，其图案表现了野外鹰逐兔的场景，即所谓的秋山之景，有浓厚的蒙古少数民族的生活气息。

◆ 女服
Women's Wear

明永乐（1403—1424 年） 丝
江苏无锡大浮乡九碑墓出土

　　这套女装展示的是明初一位江南钱姓富人之妻周氏的流行装束：刺绣缠枝小花点缀着素罗短袖衫的领口，一段"卍"字田格纹绮伸出衣袖，素纱单裙平淡素雅。这种短袖在外、长袖在内的上衣组合，常见于元至明早期。

绣缘素罗短袖夹衣
Short-Sleeved Plain Gauze Jacket

1638
衣长 73 厘米，通袖长 120 厘米

万字田格纹绮长袖夹衣
Long-Sleeved Damask Jacket with a Swastika Ground

1639
衣长 70 厘米，通袖长 196 厘米

素纱单裙
Plain *Sha* Gauze Skirt

1640
腰宽 65 厘米，裙长 102 厘米

◆ **补服**

Wide-Sleeved Robe with Rank Badges

2011.26.1

明 丝

衣长 131 厘米，通袖长 240 厘米

　　明补服为明官员的朝服。明官员文官的补子为飞禽，武官为走兽。此件明补服圆领，大袍袖，中央居中的方形补子刻画的是两只环绕飞行的孔雀，因此得知是明文官的三品官服。

◇ 缂丝孔雀纹圆补

Kesi Tapestry Round Rank Badge
with Peacock Motifs

2015.12.3
明　丝
直径 43.3 厘米

文武百官的补子定型于明，文官用双禽，一般双飞，区别于清的单只立禽。此补缂工精细，采用平缂、绕缂等技法，运用通经回纬缂出一对孔雀（文三品官阶），上下盘旋于牡丹和云纹等吉祥图案中。此补可能原为方补，后经裁剪成圆形，外饰八达晕锦缘。

♦ **鹤纹补**

Kesi Tapestry Rank Badge
with Crane Motifs

2019.20.2

明 丝

34.5 厘米 × 34.5 厘米

此补子以藏青色缎子作底，采用平绣针法绣成。绣线有红、绿、黄、白等多种颜色。纹样为一对仙鹤和牡丹、海水、流云等，在明代唯有一品文官能用。

◆ 蓝地杂宝云龙纹花花缎经皮子
Tapestry Sutra Cover

1539
明 丝
36.3 厘米 × 13 厘米

　　此件织物原用作佛经的封面，以
蓝色花缎制成，其上以黄色纹纬起花，
图案除明典型的四合如意云纹样外，
还有团龙及方胜等杂宝纹样。经皮子
中间贴有黄色签条，上题"佛说楼炭
经卷第五，福五"。

◆ 绿色杂宝云纹织金缎经皮子
Tapestry Sutra Cover

1542
明 丝
37 厘米 × 13 厘米

　　此件织物原用作佛经的封面，以
绿色杂宝云纹织金缎制成，中间贴有
黄色签条，上书"大方广佛华严经疏
钞会本卷第一百三十二，法二"。

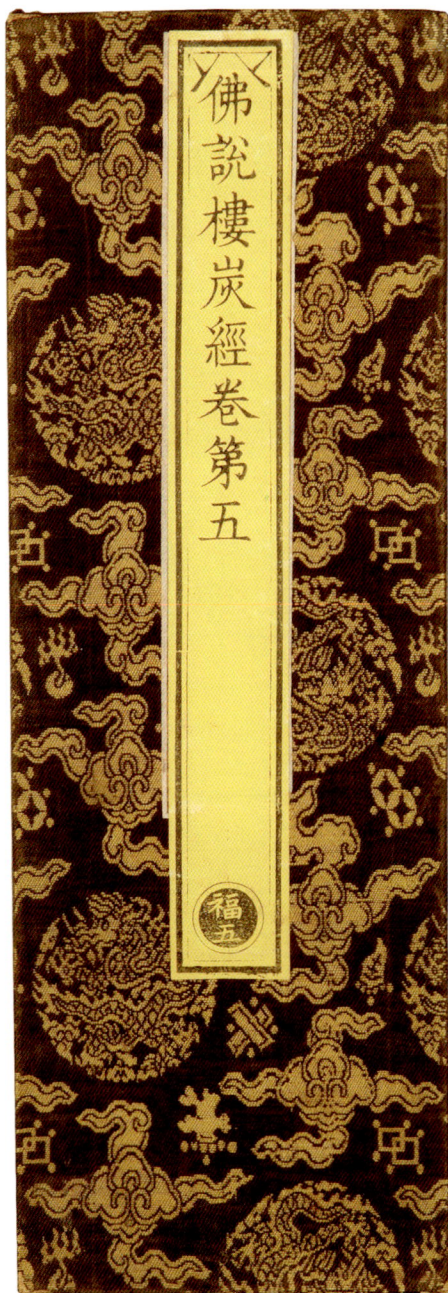
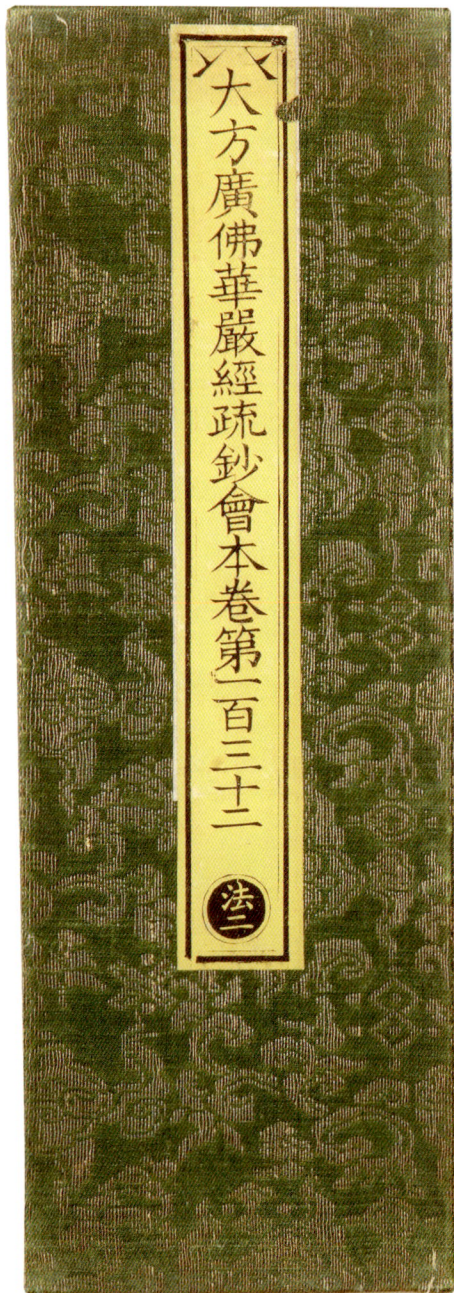

佛說長阿含經卷第八

佛說文殊悔過經

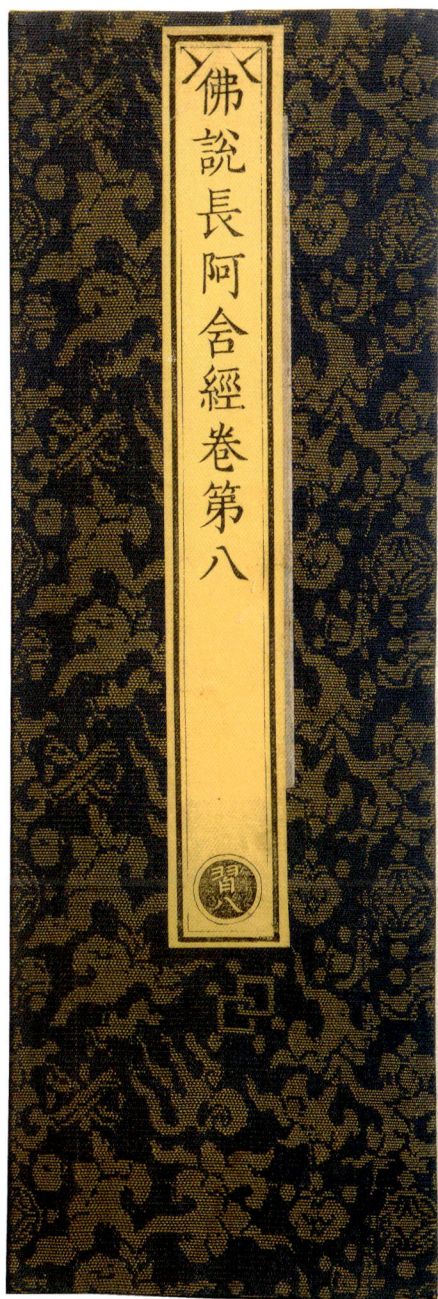

◇ **丈青色杂宝花纹罗经皮子**
Tapestry Sutra Cover

1543
明 丝
36.9 厘米 × 12.9 厘米

此件织物原用作佛经的封面，以丈青色花罗制成，其上以黄色纹纬起花，主体图案为花卉纹样，并在空白处点缀有杂宝纹样。经皮子中间贴有黄色签条，上题"佛说长阿含经卷第八，习八"。

◇ **大红地缠枝牡丹花花罗经皮子**
Tapestry Sutra Cover

1538
明 丝
36.8 厘米 × 12.8 厘米

此件织物原用作佛经的封面，以大红色花罗制成，是一种依靠组织变化形成的假纱罗织物，其图案为缠枝牡丹花纹样。经皮子中间贴有黄色签条，上题"佛说文殊悔过经，定十"。

◆ 深褐色缎地云龙清水头巾
Damask Scarf with Dragons

0125
明　丝
97 厘米 × 66 厘米

织物组织：正反五枚缎。整件头巾的图案根据其用途的需要而织成，主题图案为团龙纹，团窠直径 7 厘米，龙纹以一排正、一排反相错排列，四周为回纹及折枝花卉纹，在上下两端有"南京局造""声远斋记"和"清水"字样。

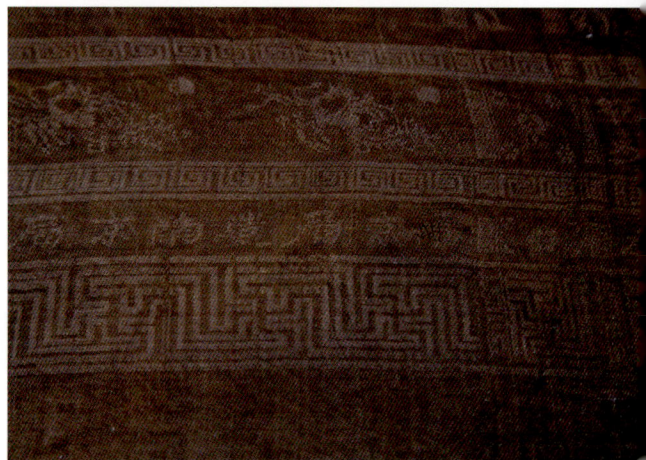

◇ 十二章纹缂丝龙袍衣料

Kesi Dragon Robe Fabric with Twelve
Imperial Symbols

2016.11.1

清　丝

（衣身）衣长 157 厘米，通袖长 122 厘米

（衣襟）77 厘米 × 40 厘米

（马蹄袖片）45 厘米 × 40 厘米

整件袍料以缂丝工艺精心织制，采用通经回纬的技法，在绛红色地上织出满地祥云、海水江崖，以及蝙蝠和"寿"字等纹样，并以捻金线缂出龙纹。十二章纹包括：日、月、星辰、山、龙、华虫、宗彝、藻、火、粉米、黼、黻，是中国帝制时代的服饰等级标志。

衣身 ┤ 衣襟
　　 └ 马蹄袖

◆ **明黄色实地纱盘金绣小龙袍**

Embroidery Dragon Robe

1858

清　丝

衣长 93 厘米，通袖长 135 厘米

　　龙袍，广义来讲，有龙纹的长袍就称为龙袍；狭义上来看，龙袍在清特指吉服袍。该龙袍为圆领，右衽，大襟，马蹄袖，前后左右四开裾。面料采用明黄色实地纱，应是夏季所用的龙袍。前胸、后背饰正龙各一，两肩各饰正龙一，前后襟各饰行龙二，里襟饰行龙一。龙袍下摆的江崖海水寓意"一统江山""寿山福海"。

◇ 大红绸地盘金彩绣八团龙女袍

Woman's Robe Embroidered with Dragon Medallions

3324

清 丝

衣长 140 厘米，通袖长 188 厘米

　　此为典型的晚清满族宫廷女子八团袍服，以大红绸
地绣制，圆领，右衽，大襟，一字型纽扣，马蹄袖宽大，
左右开裾，"卍"字曲水片金缘，下摆饰海水江崖纹，整
件袍服共绣了八个团龙，其中在前胸、后背处以盘金彩
绣有三团升龙纹，肩部、袖端为行龙，具有极其浓厚的
宫廷色彩。

◆ **云龙暗八仙纹缀龙纹方补缂金袍**

Kesi Robe with Eight Symbols of Taoist Immortals and a Dragon Badge

1258

清　丝

衣长 150 厘米，通袖长 192 厘米

　　该件袍比较特别，是一件缂丝作品，其地为金线缂织，图案则为彩色丝线缂织的龙、暗八仙和蝙蝠纹。龙纹的排列为：袍前襟、下摆及门襟处各有一条行龙；背中心为一正龙方补；补子下方有一正龙和两行龙，并有海水江崖；后背下摆也为一正龙和两行龙，两肩、袖头各有行龙；总计 21 条龙纹。另外，后领处还有一佛像（仙人）和两随从纹。龙纹是完全按袍的款式布局的，袍为对襟、广袖。从上面的龙纹和正龙方补情况看，可能为皇室人员或被皇帝赏赐人员穿着。但穿着场合还有待于研究。袍的衬里上有墨书"梵住堂，全金缂丝主衣"，估计该袍可能与宗教方面有一定的关系。

◇ **嘉庆蓝色缎绣彩云金龙纹女朝褂**
Woman's Sleeveless Robe with
Embroidered Dragon Motifs

2017.48.4
清 丝
衣长 130 厘米，下摆宽 112 厘米

清嘉庆蓝色缎绣彩云金龙纹女朝
褂，以蓝色缎为地，以盘金绣法绣有四
条升龙纹样，用色丰富，工艺精美。

◆ **青缎地彩绣折枝花卉夹袄**
Woman's Jacket with Floral Motifs

0055
清　丝
衣长 110 厘米，通袖长 133 厘米

褂为对襟、一字扣、圆领，领边缀有云肩，袖头、下摆及开衩处为彩绣花边。整件衣服为黑色缎地，主体图案是红、淡红、蓝色丝线绣出的菊花、牡丹花、葡萄以及各种其他花卉纹，绣为平绣。

◆ **缎地五彩折枝花卉戏出十团夹袄**
Woman's Jacket with Opera Motifs

0057
清　丝
衣长 90 厘米，通袖长 116 厘米

　　褂为对襟、圆领、一字扣；领边、下摆及开衩处用彩绣花边，花边图案为孔雀、花树等，紧挨花边的是一道绦带并盘出如意云头，花边与绦带交界处是一道缎带。衣服面料为草绿色缎，图案是以戏剧人物故事为主题的十个团花，也称戏出人物绣，另绣有仙鹤纹、蝴蝶纹和各种花卉纹，刺绣技法主要为平绣。

◆ **品蓝团花漳绒马褂**
Man's Jacket of Cut Velvet with Peony Motifs

1104
清　丝
衣长 74 厘米，通袖长 176 厘米
杭州市民丁洪麟捐赠

此马褂面料为雕花天鹅绒，绒圈为地，割绒显花，通过绒圈和绒毛明暗交互显花。马褂款式为立领，大襟，四开衩，宽直袖，衣短宽博，长及腰际。褂的前、后及双袖各有一整株牡丹花，枝繁叶茂，栩栩如生，具有鲜明的晚清写实艺术风格。

◈ 绿地妆花蟒缎袍料

Brocade Robe Fabric with
a Mang Dragon Motif

3115

清 丝

长 557 厘米，宽 72 厘米

该织物采用云纹暗花缎，部分地方采用妆花，推测是作肩襕或膝襕用，妆花是一种挖梭工艺的别称，采用的是通经断纬的显花方法。这种织造手法的起源尚未定论，但真正开始产生影响的仍是唐的缂丝和织成。妆花织物在明清两代十分兴盛，有妆花缎、妆花纱、妆花罗等。该妆花织物的纹样为蟒纹，即四爪的龙，辅以云纹、火球等。

绿地妆花蟒缎袍料

Brocade Robe Fabric with
a Mang Dragon Motif

◇ **大红缎地刺绣百子图大幛**
Red Damask Curtain Embroidered with a Hundred of Playing Children

2016.11.3
清　丝
长 344 厘米，宽 311.5 厘米

　　这件百子图，应为婚礼用大幛，上面绣出了一百个童子的嬉戏场面，十分生动。这件作品中的孩子多戴着礼帽，手持古物，好像在鉴赏古物，还有的是在踢球。中国自古有多子多福的说法，这件刺绣作品正表达了人们对家族兴旺的期盼。

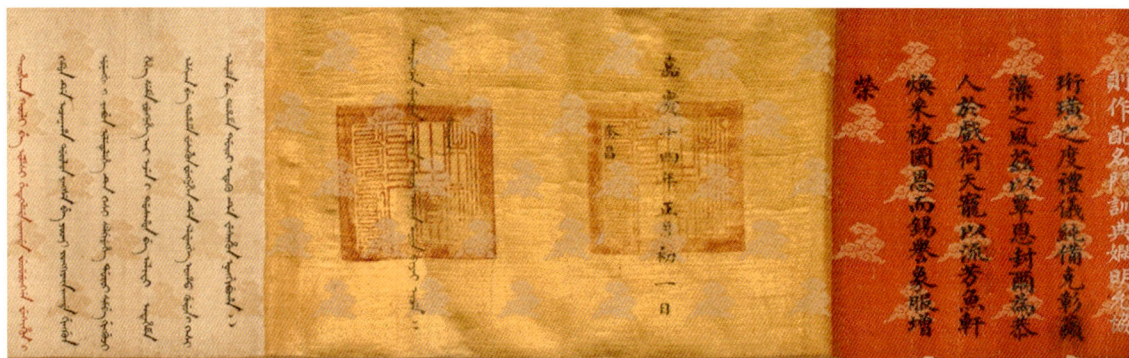

◆ **清嘉庆十四年（1809年）正月初一日诰命**

Imperial Edict, Issued on the 1st day, the 1st Lunar
Month, the 14th Year of the Jiaqing Period, 1809

2769

清嘉庆十四年　丝

长 323 厘米，宽 32 厘米

诰命是明清皇帝封赠五品以上官员的专用文书。此件诰命主体部分以云纹暗花绫制成，经线白色，浅褐、大红、黄、白、浅红五色纬线分区换色，形成五色绫效果。绫上以满、汉两种文字书写，字分五色，其内容为表彰礼部主事加四级奎章，而擢升其为员外郎授中宪大夫，封其妻佟佳氏为恭人。包首部分以红地卷草纹织锦制成，并装裱于纸上。首尾处分别织双龙纹样及汉、满"奉天诰命"四字，尾署"嘉庆十四年正月初一日""奎章"，并盖有玉玺两方。

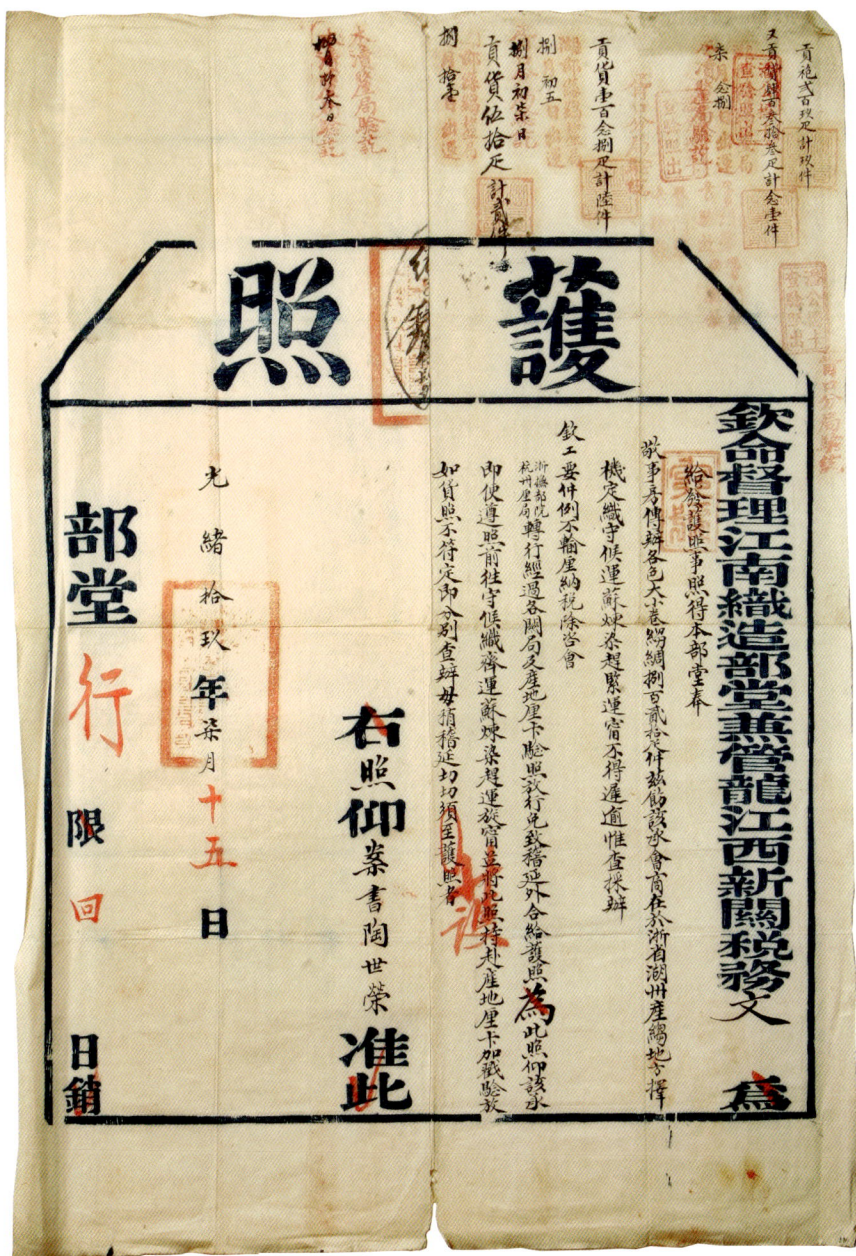

◇ 护照

Passport for Silk Transport

1552

清　丝

长 61.8 厘米，宽 43.5 厘米

护照是各地运送官用丝织品的通行证。清后期江南三织造承办的缎匹主要靠购买来完成。这两张护照由钦命督理江南织造部堂于清光绪年间发行，反映了官用丝织品曾在浙江湖州雇机织造，然后运到江苏苏州练染，最后在南京集中，通过水路运送至北京的情况。盖在"护"和"照"两字之间的半个长方形章称"骑缝章"，护照上方空白处盖有"湖郡丝绸厘局"出运章、湖州"肯口分局"和苏州"木渎厘局"验讫章、湖州"潘公桥卡"查验章。护照要求浙抚部院、杭州厘局及经过各关局及产地厘卡时，在验明丝绸护照后，不仅即刻放行人货，还要加以保护。在各地厘卡加戳验放时，如果货照不符，必须立即分别查办，不得有一点拖延。持护照人在任务完成后，必须在限期内回部堂注销护照。

◇ **外销白缎地彩绣人物伞**

Parasol Embroidered with Human
Figures, Made for Export

2012.9.1

清　丝，骨

伞面周长 196 厘米，伞长 41.5 厘米

　　阳伞是 18—19 世纪中叶之后欧洲
贵妇外出必备配饰。此外销伞以五色网
格流苏为边饰，伞顶为象牙人物圆雕，
象牙伞柄镂刻树叶花卉纹，用料奢多。
伞面为缎地刺绣，以伞骨分割成 8 个块
面，分别刺绣庭院教子、忽得任命、升
官发财、灵猴献瑞、猎虎有功、仕途升
迁、官至一品、荫护三代等中国历史故
事和戏曲场景，极具东方情趣。

◆ **外销黄缎地彩绣双头鹰花鸟纹床罩**

Bed Cover, Embroidered with Two-Headed Eagle,
Bird and Floral Motifs, Made for Export

2013.65.6
清 丝
长 286 厘米，宽 248 厘米，流苏长 17 厘米

此为 18 世纪末欧洲向中国广州定制的刺绣家居装饰之一的床罩。床罩中心双头鹰图案为哈布斯堡徽章，同时还绣有狮子滚绣球、仙鹤衔瑞枝等中国传统图案。哈布斯堡家族为德意志封建统治家族，是欧洲历史上统治时间最长、统治地域最广的家族。床罩装饰精美，成为欧洲贵族世代相传的珍品。

◆ **外销黄地双面绣亭台楼阁披肩**

Silk Shawl, Embroidered with Garden, Pagoda
and Pavilion Motifs, Made for Export

3565
清　丝
136 厘米 × 136 厘米，流苏 14 厘米

17—18 世纪，有大量的中国外销品传入欧洲，以丝绸和瓷器为大宗，另外欧洲各国还以来样加工的方式，定制了大量"中国风"的丝绸织物。此件双面绣披肩具有广绣艺术特色，以"镬耳屋"建筑形式作为戏曲故事的背景，构图匀称，色彩斑斓，极富装饰效果。"镬耳屋"是岭南传统民居的代表，因其山墙状似镬耳而得名。

◆ 外销白缎地彩绣缠枝莲花鸟床罩

Bed Cover with Floral and Bird Motifs,
Made for Export

3562

清 丝

长 250 厘米，宽 194 厘米

　　该床罩以白色素缎为地，由色彩比较柔和的多种丝线绣成。中央纹样呈方形，有蓝色边线分界，整体纹样以一大朵莲花为中心，向外四处发散枝繁叶茂的缠枝莲花纹，中间穿插绣以蝴蝶、小鸟纹为饰。

◇ **红地印花花卉人物棉布**
Cotton Cloth Printed with
Floral and Human Figures

2012.66.131
晚清　棉
长 53 厘米，宽 31.5 厘米

该件面料为 1900 年巴黎世界博览会参展产品，该产品是红色印花棉布，四周印有连续花朵花型，内有方框印有字母和人物造型，充满异域风情。面料色彩鲜艳，保存完好。

◇ 印花棉布
Printed Cotton Cloth

2012.66.5
晚清　棉
长 73 厘米，宽 70 厘米

该件织物为 1900 年巴黎世界博览会参展产品，组织结构为 1 平纹，是一款本白色作底的红蓝两色印花布，面料表面除个别地方有发黄褪色痕迹外基本保存完好。

◇ **彩织花鸟纹棉布**

Cotton Cloth with Flowers and Birds

2012.66.305

晚清　棉

长 210 厘米，宽 171 厘米

该件织物为 1900 年巴黎世界博览会参展产品，外观为长方形，织物中心以枝叶图案构成一对称骨架，其间是一对相对而立的鹭鸟，四周装饰有较宽的花卉纹边饰带。

◇ 外销画《养蚕》

Raising Silkworms, Painting for Export

3582

清 纸

长 22.4 厘米，宽 15.8 厘米

此 19 世纪外销画再现了养蚕、选茧的生产情景。画工融合了西洋绘画技法，对人物脸部、手部、躯干、衣褶和头饰等部位进行细腻描绘。画中的妇女虽然在从事养蚕的农活，但柳叶眉、樱桃小嘴、窄溜肩，配上华贵的发饰和服装，显然不是真正的蚕妇。

浴蠶

幽風蠶桑後王褒篇藝事
初興披兩天吏考公泰情
祝制光宜荼儀

向晴川

三眠

日出如勃勃
素弱揚高龍
兼羽兼拈拈
修各少女
一目晴晴頭
有庭木央

採桑

素葉兩青青
葉採染果大
深桑染果枝
楊藏素衣枝

上簇

顧新鑲還不康暖
松深採精鐵業
松前藏北出家府

炙箔

素深有素長
兼兼染素葉
松柏染情有

擇繭

練絲

披閑廠繞繞
露深採香生
松採精錄鐵
青忠蟠北出府

緯

練績採有年茶
楊峨理蠶
青忠柳北素衣

經緯

無衣無褐
采綠莎莎
鶴鶴

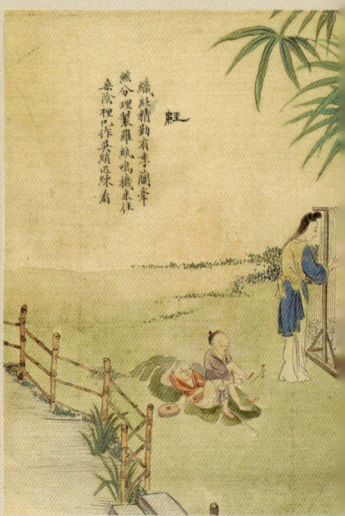

絍

績績鉤有年茶
英谷理蠶露吹蠶走法
青忠柳北素衣

◇ 《蚕织图》

Painting of Sericulture and Weaving

3104

清 纸

长 27 厘米，宽 20 厘米

　　《蚕织图》是我国古代介绍、推广养蚕织绸技术的一种图文并茂的艺术品。《蚕织图》在清代最为流行的是焦秉贞《御制耕织图》版本。此套《蚕织图》无款，但从其图中布局及配诗来看，应为焦秉贞版的简化仿本。现存16幅（浴蚕、三眠、大起、分箔、采桑、上簇、炙箔、下簇、择茧、练丝、蚕娥、祀谢、织、络丝、经、成衣），册页装，自浴蚕至成衣的蚕桑丝织过程基本完整。

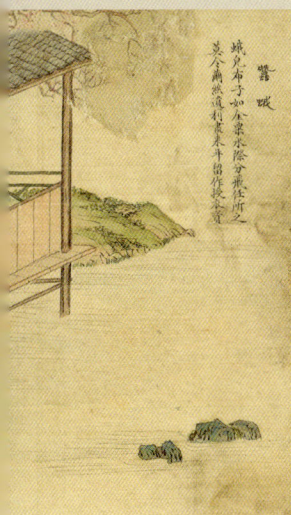

◆ 吴祺《纺织图册》

Silk Weaving Painted by Wu Qi

2014.6.1

清　丝

均为 21 厘米 × 19 厘米

　　此本纺织图册为设色绢本，共 20 页，工笔画工细腻，由清代钱塘（今杭州）人吴祺绘制，描绘做棉、捻线、络丝、木轴、大纺、运经、上经、攀华、剪帛、成衣、祀谢等纺织工序，体现了当时重要的丝绸产地、画家家乡杭州地区特有的纺织工艺。

做棉

捻线

织紬

络丝

木轴

大纺

染色

浴华

络丝

运经

纺绸

牵经

上經

摇誉

上经

摇誉

攀華

剪帛

攀华

剪帛

成衣

祀謝

成衣

祀谢

◆ **紫光阁贮功臣像册**
Photo Album of Meritorious Statesmen

3248

清 丝，纸

长 38.5 厘米，宽 28.3 厘米

此册页为设色绢本画，扉页题签为"紫光阁贮功臣像册"，其内分别为二等侍卫特古思巴图鲁塔尼布、头等侍卫博克巴图鲁老格、原领队大臣察哈尔总管坤都尔巴图鲁巴宁阿、署参领额尔克巴图鲁巴岱、三等侍卫克得尔巴图鲁哈木图库、三等侍卫克什克巴图鲁伍克什尔图、头等侍卫固勇巴图鲁伊萨穆、参赞大臣喀尔喀扎隆克多罗郡王车木楚克扎布、头等侍卫墨尔根巴图鲁达克塔纳、直隶正定镇总兵嵩安、领队大臣肃州镇总兵官五福等十二人的画像，及白描云龙一幅，其上题黄签"紫阁元勋"四字。册页有一包袱皮，为色织物，方格万字纹样。

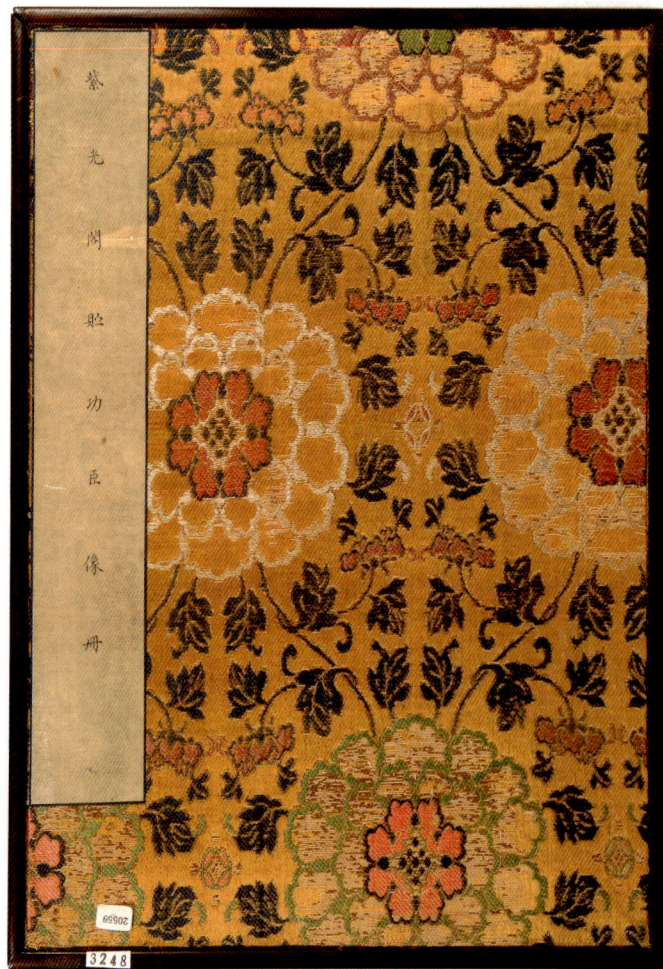

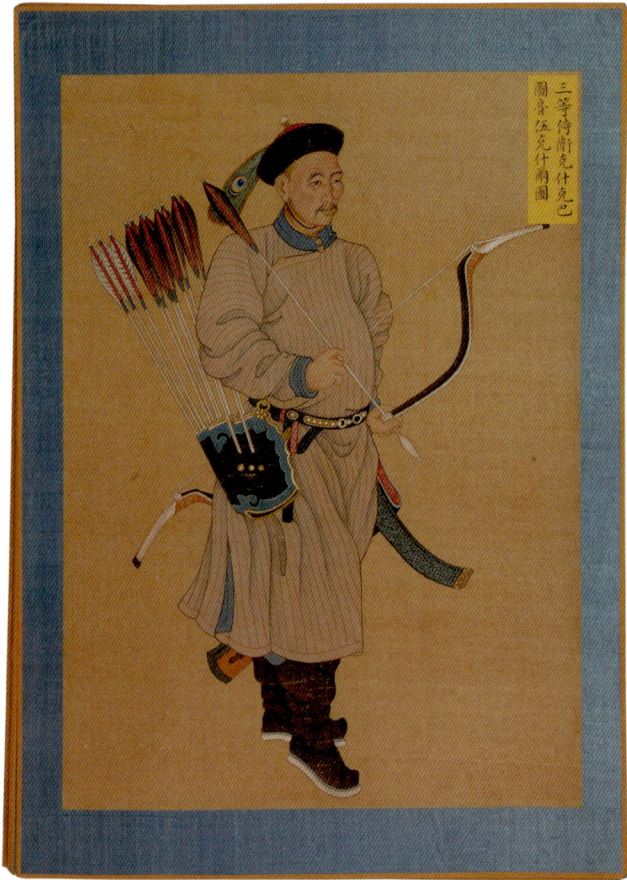

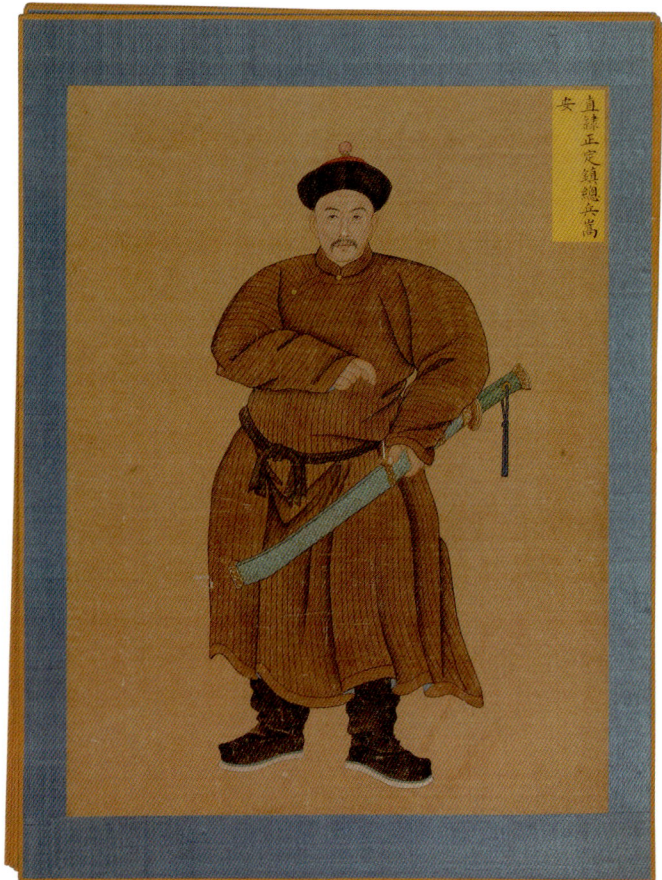

二等侍衛特古思巴
圖書婚尼布

署參領額圖克巴圖
魯巴喀

頭等侍衛墨爾根巴
圖書達克塔納

◆ 绢本《璇玑图》

Story of Su Hui

3249

清　丝

长 1110 厘米，宽 38 厘米

此为一幅设色绢本画手卷，绘制前秦才女苏惠的故事。署元管道升（1262—1319 年）和明仇英（1482—1559 年）款，卷后有席旦、文彭、王宠等人的题跋。包首为米色地缠枝花卉纹织锦缎，上有题签"璇玑图""管仲姬书仇实父补画"。

仲姬書不亞於松雪蓋松雪以豐腴勝仲

姬以清勁勝蓋蓽法稍不同柱而共臻妙境

者也今觀所此興文詩字畫織細風度端

莊未嘗一筆靡率乃知閨閣中六書此

善書絶人者耶衛夫人不浮控美於前

吳澄得仇生實父補圖四幀人物艷麗景色

鮮妍織維楼送迎来描寫曲畫則身

書不盖增重戴當盖乘不朽

嘉靖丙寅仲春之望樗菴書堂題

三橋屈士文彭曾觀

高易許初仝太原王寵披覽於石湖精舍

文壽往原曹觀于石磬山房

若蘭迴文困于王好詞而仲姬以松雪之

筆寫閨卷之丙没先資美色以于術

僕史後像与因人楮二絶与

又為儔兄常讀二絶迷得

◆ 题诗扇

Fan with Poems Written by Graduates
of Zhejiang Sericulture Studies School

2014.30.7

民国　纸

长 30 厘米，宽 10 厘米

浙江蚕学馆首届毕业生陈之藩等人

此扇面上有蚕学馆首届毕业生陈之藩、俞鸿荃、陆宝泰、陆镇、郭廷辉、宣布泽等人题写的白居易《问刘十九》"绿蚁新醅酒，红泥小火炉"等古诗句。1900 年，此届毕业生分赴杭、嘉、湖、宁、绍五府劝设养蚕公会，推广饲养新法，其中陈之藩、俞鸿荃、陆宝泰被分别派往海宁、绍兴、湖州推广养蚕技术。罗振玉在上海创办的《农学报》还对此事件做了报道。

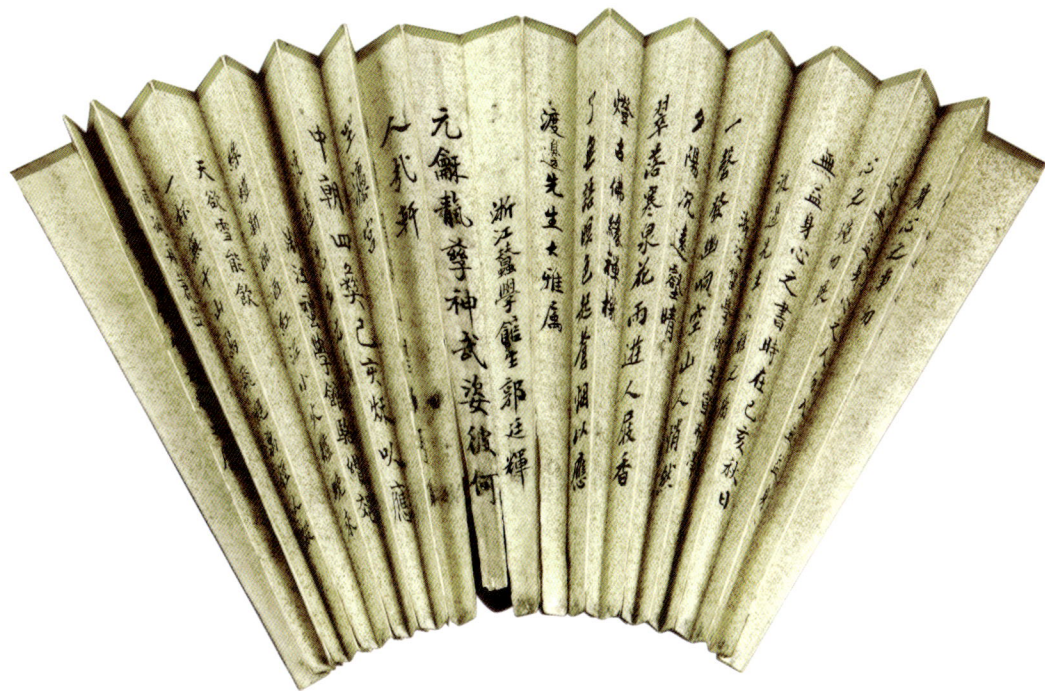

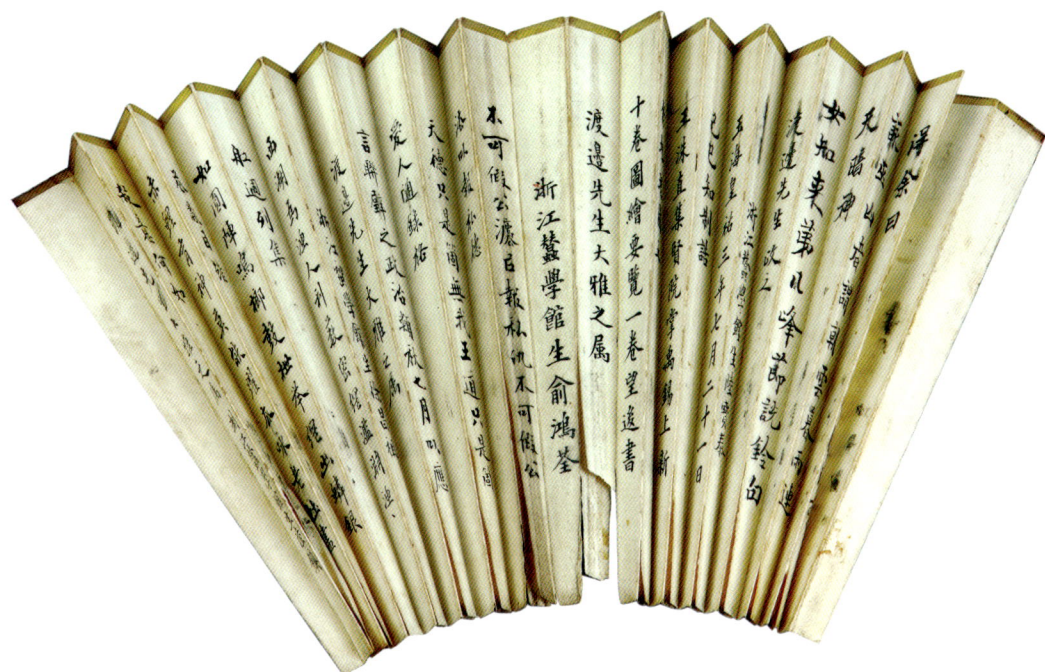

◆ 像景织物《西湖白堤》意匠图

Bai Causeway of the West Lake,
Paper Draft for Woven Silk Picture

2764

民国　纸

长 194 厘米，宽 116 厘米

像景织物是丝织人像和风景织物的总称，以人物、风景照或名人字画等为蓝本，通过运用棒刀、多梭箱装置和贾卡提花龙头，使照片、书画在丝绸上得以真实再现，主要有黑白像景和彩色像景。1918 年都锦生将贾卡式提花机与传统工艺和杭州风景相结合，试织成功中国首幅黑白像景，是民国时期丝织技术的一大创新。民国时期引进贾卡织机以纹版代替花本贮存提花工艺，意匠图是手工轧制纹版前的重要工序，即根据纹样结合织物组织，将纹样放大并点绘在一定规格的格子纸（意匠纸）上的图样。意匠图形的大小用一个花纹循环所需要的纵、横格数表示，其中纵格相当于织物中的经纱，横格相当于纬纱。此为以一组白色经线与黑、白两组纬线交织而成的纬二重组织黑白像景织物的织造意匠图，其上端有用墨书写的"浙江省立工业专门学校制"等字和"西湖白堤"红字，下端则有"杭州都锦生丝织厂"英文白字。

第二章

传统工艺

◇ **缫丝车**

Silk Reeling Wheel

0031
浙江湖州辑里　清光绪　木
长 107 厘米，宽 79 厘米，高 115 厘米

　　杭嘉湖一带的土丝大多用脚踏缫丝车缫制，缫丝者先用竹签拨动沸水中煮的蚕茧，理出丝绪，引入缫丝车的丝眼，然后脚踩踏板，带动丝轴转动，将丝线绕在绕丝架上。

◇ 竹笼机

Bamboo Cage Loom

G0016

当代　木

长 165 厘米，宽 80 厘米，高 171 厘米

　　现用于生产广西壮锦的手工织机，由于其开口提花机构形如竹编的猪笼，故称竹笼机。其特点是以 100 根左右提花竹棍（相当于纬线）与吊综线（相当于经线）编成贮存纹样的竹编花本，每织一纬即顺序地按竹棍通过吊综线带动相应的经线开口，织完一梭后，将竹棍转于竹笼后排，继续挑花循环。

◇ 绫绢织机

Damask Drawloom

0029
清　木
长 440 厘米，宽 140 厘米，高 290 厘米

绫绢织机是一种机身平直的束综提花机，可称之为水平式小花楼提花机，主要适宜织制绫罗纱绸等轻薄型织物，是江南地区常见的提花机型。使用水平机架是为了减轻叠助木的打筘力量。

湖州双林镇所产的绫绢素以质地柔软、色泽光亮而著称，从唐代起被列为历代贡品。其以当地所产的上好辑里丝作原料，由小花楼织机织制。

◇ 丁桥织机

Dingqiao Treadle Loom

0123
民国 木
长 240 厘米，宽 93 厘米，高 97 厘米

丁桥织机是见于近代四川省双流县附近农村中的一种织带机，或称栏杆机，也是一种多综多蹑织机。因其踏板上布满了竹钉，状如河沟里的过河石墩，所以也称为"丁桥织机"。这种织机一般有 2—8 片地综，40—60 片花综，每片综由一块踏板控制，因此踏脚板总数与综片总数一致。这种织机历史悠久，在三国时期的历史文献中已有相关记载。

◇ **艾德莱丝绸织机**
Ikat Loom

G0002
新疆和田　当代　木
长 340 厘米，宽 115 厘米，高 125 厘米

　　这是一种目前仍在新疆和田地区使用的传统织机。按花纹设计要求，先将经丝扎染，经丝上机后，由于对色不准而使织出的花纹呈现出参差不齐的效果，形成独特的艾德莱丝绸风格。

◇ **蜀绣《牡丹锦鲤》**

Peony and Carps, Double-Sided Sichuan
Embroidery with Different Colors

3553
当代　丝
长 66 厘米，宽 45 厘米
彭世平

该作品采用蜀绣传统针法三三针、三二针，将鲤鱼转侧自如的姿态表现得十分形象生动，并运用创新针法使鲤鱼的正反面呈现黑、红两种不同的颜色。

◇ **湘绣《狮吼图》**
Roaring Lion, Hunan Embroidery

2012.89.1
当代 丝
长 50 厘米，宽 39.5 厘米
江再红

本作品为湘绣鬃毛针针法使用的代表性作品之一，江再红湘绣大师参与指导刺绣。雄狮面部表情刻画生动形象，栩栩如生，雄狮威武的气势跃然而出，一针一线中尽显王者之风。

◇ 苏绣《踏歌图》
Stomp Map, Suzhou Embroidery

2018.155.1
当代 丝
长 74 厘米，宽 130 厘米
薛金娣

该作品的蓝本是宋代画家马远的《踏歌图》。"踏歌"是古代民间的一种娱乐活动，人们口唱欢歌，两足蹬踏，动作自由、活泼。马远的这幅作品表现的是雨后天晴的京城郊外景色，作者薛金娣老师是苏绣非遗传承人。山石的绣制效果有天然意趣，也有笔触味道，人物的动态、神情栩栩如生。此件作品获国际工艺美术精品博览会金奖。

宿雨清畿甸

朝陽麗帝城

豐年人樂業

隴上踏歌行

◇ 潮绣《五龙图》

Five Dragon, Chao Embroidery

2018.156.2
当代　丝
长 88 厘米，宽 88 厘米
康惠芳

潮绣是中国四大名绣之一，发源并流行于今潮汕地区。潮绣始于唐，风格形成于明、清，流传于国内及东南亚一带。潮绣讲究构图匀称，主要有"过桥""銮乾""历艮""二针锁""三针锁""三山起"，以及"打只""化针""乱针""点绣"等60多种技法，于 2006 年入选第一批国家级非物质文化遗产名录。

◇ **粤绣《梅凤》**

Plum and Phoenix, Canton Embroidery

2012.19.1
当代 丝
长 91.7 厘米，宽 63.2 厘米
杨坚平

此件潮绣作品为黑地，绣有梅花及凤凰，金色的梅树上盛开朵朵银白色的梅花，金色双凤遥相呼应，一只栖息在梅树上，另一只飞舞在梅树间。作品构图饱满匀称，绣法精湛，给人大气精致之感。

◇ 杭绣《博美犬》

Pomeranian, Double-Sided Hangzhou Embroidery

2011.2.1
当代　丝
长 44 厘米，宽 34.5 厘米
陈水琴

　　该件作品曾获第十届中国工艺美术精品展金奖、第三届工艺美术精品展特等奖。作品正面背景为彩色方格布，采用斜交叉乱针绣技法，表现棉布的质感；反面背景为深玫红色呢绒布，采用三角乱针绣的技法，表现呢绒布的质感。作品正反特色鲜明，是杭绣的又一次创新。

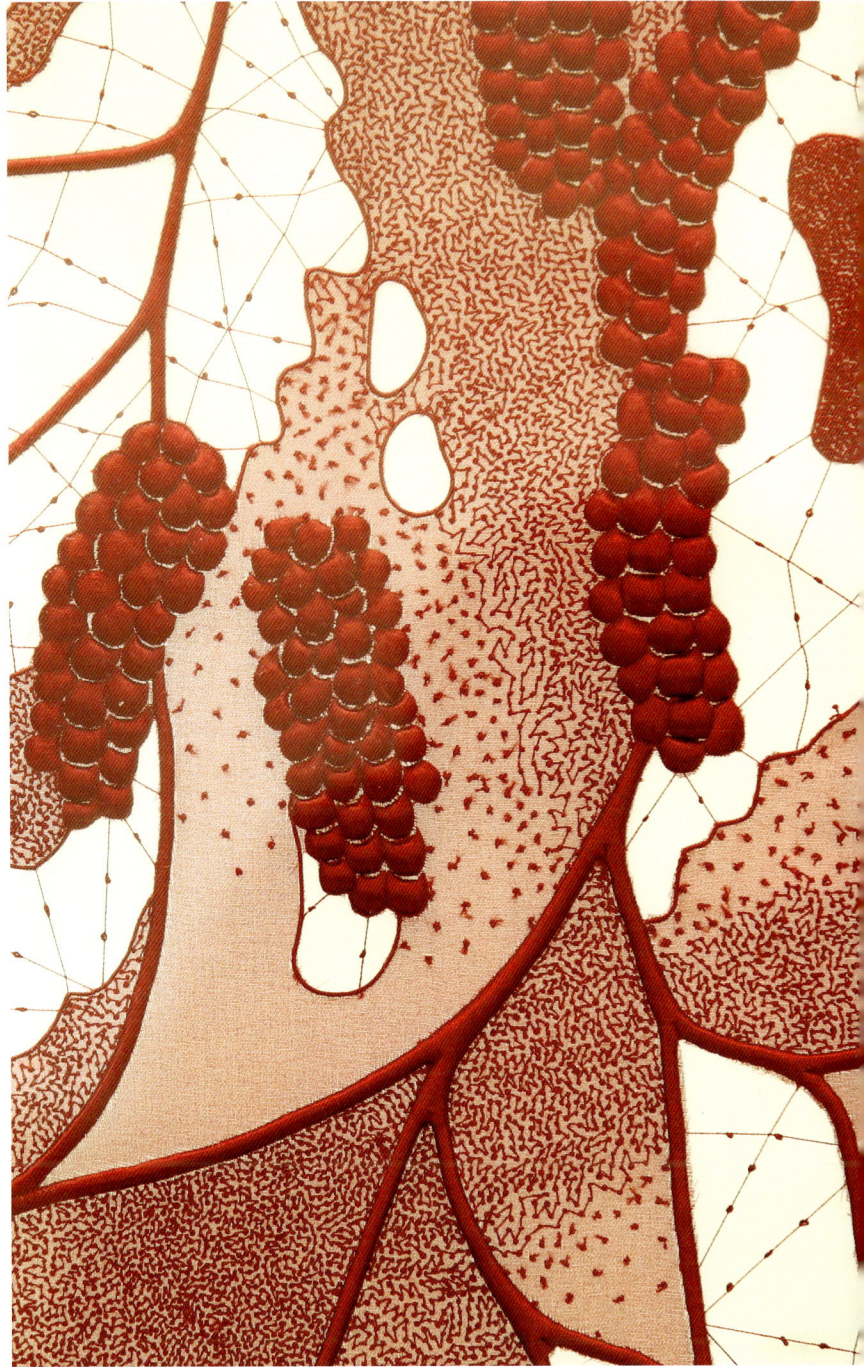

◇ 台绣《紫椹霓裳》

Mulberry Leaf, Taizhou Embroidery

2016.88.1

当代 丝

宽 48 厘米，长 176 厘米

林霞

该件作品采用真丝绡面料和绣花线，运用"雕镂"和"抽纱"技法，展现出一幅立体凌空的桑椹树影，象征丝绸之路的同时，散发着独具中国风情的艺术生命力。

◇ **缂丝竹鸟**

Bird on Bamboo, Embroidery on *Kesi* Fabric

2009.38.3
当代　丝
均为长 81 厘米，宽 64 厘米
陈文

该作品的独创之处在于以缂丝织物为地，并以扎染的方法得到地部的晕染效果，再施以刺绣，是将缂丝、扎染与苏绣三大手工工艺融为一体的优秀工艺品。

◇ 彩色拷花方巾《富贵常在》
Silk Scarf with Phoenix and Flowers

2021.41.1
当代 丝
长 103 厘米，宽 102 厘米
哀警卫

该布料为真丝斜纹绢料，运用彩拷工艺，颜色鲜艳亮丽。纹样图案为对称的凤凰和花草图案。明黄作为底色，以蓝色作边，中间点缀红色，色彩节奏明快，体现富贵的主题。

◇ **夹缬被套**

Clamp-Resist Dyed Quilt Cover with a Hundred of Workers

2011.32.437

当代　棉

长 200 厘米，宽 210 厘米

　　此夹缬被以蓝白二色显花，原产温州，常用各式戏曲人物作主要纹样，其制作以夹缬板夹持白布然后入染而成。但此件夹缬被用工人形象代替百子或戏曲人物，是 20 世纪 60—70 年代作品。

◇ **黄地吉祥宝相八达晕锦**

Lampus with Octagonal Latticework

2010.14.1

当代　丝

长 326 厘米，宽 73 厘米

钱小萍

　　八达晕锦为盛行于明代的宋锦之一，该织物由两组经线和多重纬线构成，并应用手工彩抛工艺，使整幅的色彩多达 10 种。

◊ **太子绵羊锦蜀锦**
Sichuan Silk with Lantern
Patterns

2010.22.13
当代　丝
连框长 49 厘米，宽 54 厘米
成都蜀江锦院赠

太子绵羊锦为明代服饰
纹样。其纹样为童子骑绵羊，
肩扛梅枝，梅枝上挂鸟笼，此
锦采用传统蜀锦织造技术织
造复原。

◇ 妆花喜字莲云锦

Yun Brocade with *Xi* Characters

2011.25.2

当代　丝

长 94 厘米，宽 80 厘米

该织物原件为明代宫廷织物喜字并蒂莲妆花缎，出土于北京十三陵地下宫殿，是明万历皇帝的妃子婚用袍料。图案风格雍容华贵、丽而不浮。金色"喜"字表示百年好合、喜气洋洋。莲花本是纯洁贤淑的象征，同时又谐音"连"结、相"连"，而并蒂盛开的莲花则取意"在天愿作比翼鸟，在地愿为连理枝"，其中心寓意就是祝颂双方喜结连理、婚姻美满、白头到老。妆花缎以贮存有大型复杂图案线制花本的大花楼织机织制，通过挖梭织入各色纬线达到华贵多彩的效果，是明清时期备受上层阶层喜爱的高档丝绸。

◇ 百花金宝地云锦
Golden Floral, Yun Brocade

X0301
当代　丝
长 330 厘米，宽 61 厘米

南京云锦是中国传统的提花丝织工艺品，色泽光丽灿烂，为中国四大名锦之一。"金宝地"是南京云锦的特有品种，用圆金线织地，并在金地上织五彩妆花，色彩对比强烈，红花绿叶满地金，富丽堂皇。

◇ **本白杭罗**

Hangzhou Gauze

2008.62.2

当代　丝

长 600 厘米，宽 72 厘米

邵官兴

　　杭罗为杭州地方性特产，《杭州府志》有"四丝七丝之目，为杭专产，故曰杭罗"的记载。杭罗最明显的特征是在平纹地上带有间隔较大的横向空路，采用一根绞经和一根地经配对使用的 1：1 绞组织，是清代横罗的代表。

◇ **龙凤呈祥花绫**

Damask with Dragon and Phoenix Motifs

2008.6.3

当代　丝

长 590 厘米，宽 67 厘米

　　面料采用中国传统的龙凤呈祥图案，单色花绫，产自浙江湖州双林镇，多用于书画装裱，是传统丝织品中的珍品。

第三章

时代新样

◇ **紫色拷花丝绒长袖旗袍**
Long-Sleeved Velvet Qipao

0605
20 世纪 30 年代　丝
衣长 120 厘米，通袖长 134 厘米
包铭新捐赠

　　这是一件典型的 20 世纪 30 年代旗袍。据捐赠者讲述，此件旗袍为其母亲中年时所穿。衣料是当时较为流行的丝绒，紫色绒地上以拷花工艺显现出大朵菊花纹，精致的花色盘扣颇具特色。

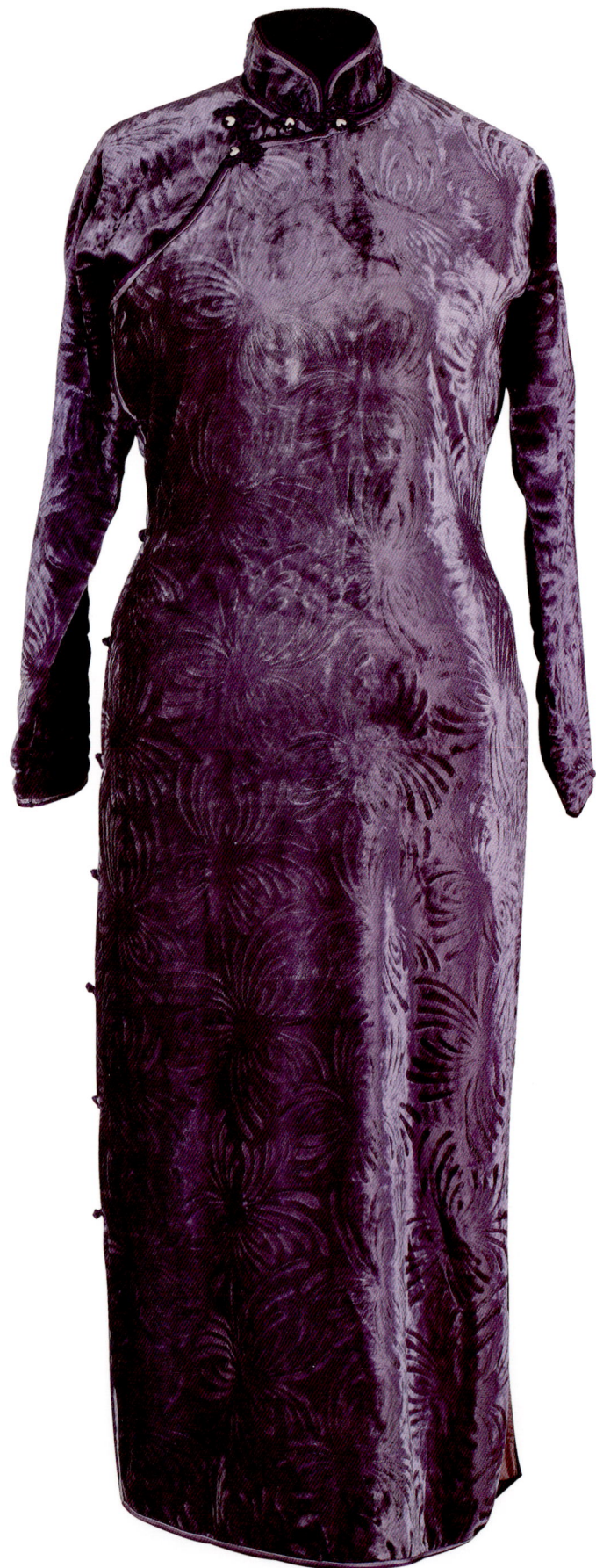

紫色拷花丝绒长袖旗袍
Long-Sleeved Velvet Qipao

◇ **缀绒花纱旗袍**
Short-Sleeved Patterned Sha Gauze Qipao

2012.17.1
20 世纪 50 年代　丝
衣长 120 厘米，通袖长 64 厘米
唐贝洽捐赠

　　这件旗袍是贝聿铭继母蒋士云女士在 20 世纪
50 年代订制的服装。旗袍由手工缝制，内衬为黄色
素缎，外层为椒孔纱，在衣身以及前胸部位缀有黑
色碎小绒花，并在花上加缀珠片。

◇ **大朵花卉纹绸旗袍**

Half-Length-Sleeved Qipao with Floral Motifs

2012.5.11

20 世纪　丝

衣长 143 厘米，肩宽 41 厘米

包陪庆捐赠

此件旗袍的主人是"世界船王"包玉刚的夫人包黄秀英。黑色绸地彩印出红花大朵连枝花卉纹，并用绿叶作陪衬，高贵华丽，鲜艳动人。

◇ **旗袍与绣衣**
Qipao and Embroidered Jacket

2011.70.1
当代 丝、化纤
袍长 136 厘米，肩宽 35 厘米
群力资源中心创会会长捐赠

　　旗袍与外套搭配穿着从 20 世纪 30 年代一直流行
至今。黑色旗袍与黑色地白色花卉纹刺绣的外衣组合，
十分精美别致，高贵典雅。

◇ 蕾丝旗袍

Long-Sleeved Lace Qipao

2013.110.1

当代　合成纤维

衣长 133 厘米，肩宽 36 厘米

丁广鋐捐赠

　　旗袍以蕾丝面料制成，白色镂
空底，金属丝编织成植物花卉纹样，
疏密有致，精致典雅。

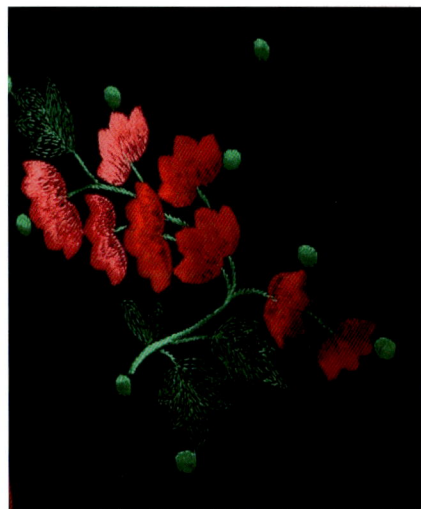

◇ **刺绣花卉纹旗袍**

Half-Length-Sleeved Qipao with
Embroidered Floral Motifs

2013.52.1

当代　合成纤维

衣长 131 厘米，肩宽 37 厘米

辜严倬云捐赠

　　这是一件黑色面料上满绣花卉纹样
的旗袍，花卉为折枝朵花，由大红色和
橘色的花朵与绿色的叶子组成，以绿色
小圆点加以点缀。整件服装花儿朵朵，
繁星点点，充满着春意盎然的气息。

◇ **缀珠片花卉纹刺绣旗袍**

Long-Sleeved Qipao with
Sequin Embellished

2013.2.14

当代 合成纤维

衣长 130 厘米，肩宽 49 厘米

华慧娜捐赠

　　该件服装融合了中式的立
领与西式的裙摆，裙摆两侧装饰
荷叶边，湖蓝色的衬裙，椒孔纱
面料上缀有刺绣贴花、亮珠和珠
片，尽显华丽与典雅。

◇ **丝绒亮片绣短袖旗袍**
Short-Sleeved Velvet Qipao with
Sequin Embellished

2014.11.19
当代 丝
衣长 133 厘米，肩宽 35 厘米
余翠雁捐赠

　　旗袍以紫红色的丝绒为面料，带花
式盘扣。服装前片以白色或彩色珠片、
珠子、珠管等材料缀绣成一枝花，高贵
而雅致。

◇ **织锦缎吉祥如意旗袍**
Samite Qipao

2012.40.1
当代 丝
衣长 138.5 厘米，肩宽 40 厘米
上海龙凤中式服装有限公司捐赠

　　"龙凤"是中国旗袍十大品牌之一，创始于
1936 年，是中华老字号、国家级非物质文化遗产，
也是海派旗袍的精华、中西缝纫工艺结合的典范。此
款旗袍采用了传统的织锦缎面料，在制作过程中融入
中式服装的工艺特点"镶、嵌、滚、宕、镂、雕"，
红地缠枝莲纹样，吉祥喜庆，兼具观赏性和艺术性。

◇《凰脂胭氲》

Short-Sleeved Qipao with Embroidered
Phoenix, Ocean Wave and Mountain Motifs

2012.4.1
当代　丝
衣长 148 厘米，肩宽 40 厘米
杭州利民中式服装厂捐赠

　　这是一件婚礼旗袍，大红色缎，用彩色丝
线刺绣凤纹，下摆部绣有海水江崖图案，非常
喜庆。

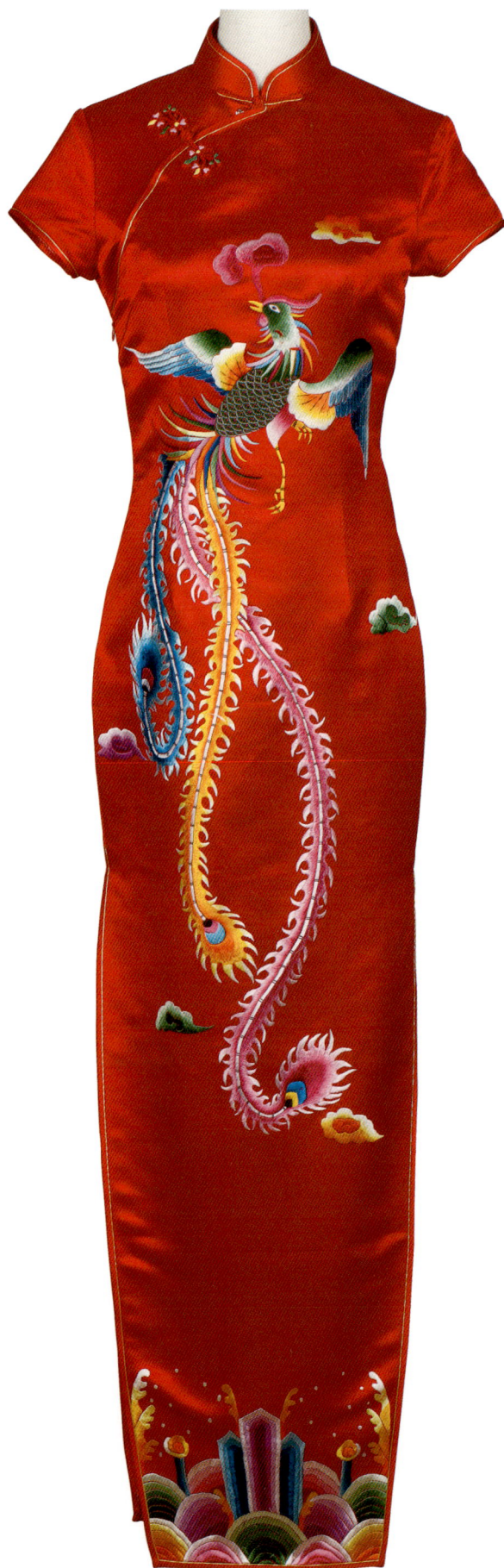

◇ 《请缨赴梅城》
Plum Blossom

2020.38.1
当代　合成材料
衣长 118 厘米
余婳

　　该作品创作灵感来自一位二十二岁名叫朱海秀的年轻医护人员的故事，2020 年中国新型冠状病毒肺炎疫情最严峻的时候，这位刚毕业的年轻女医护没有被病毒的威胁吓倒，坚决站在拯救病人的前线。设计师在网上看到一张满面汗水和经过数十小时被口罩勒印的面庞的照片，心生感动，有感而发。

　　设计师希望用诗和梅花记录抗击新型冠状病毒肺炎疫情这件全球大事。梅花是武汉的市花，寓意不怕严寒、不畏艰难。这里用盛开的梅花为战疫的人们加油，也期盼疫情早日消退，全球的病人都早日康复，再度享受天朗气清、梅花盛开的好日子。

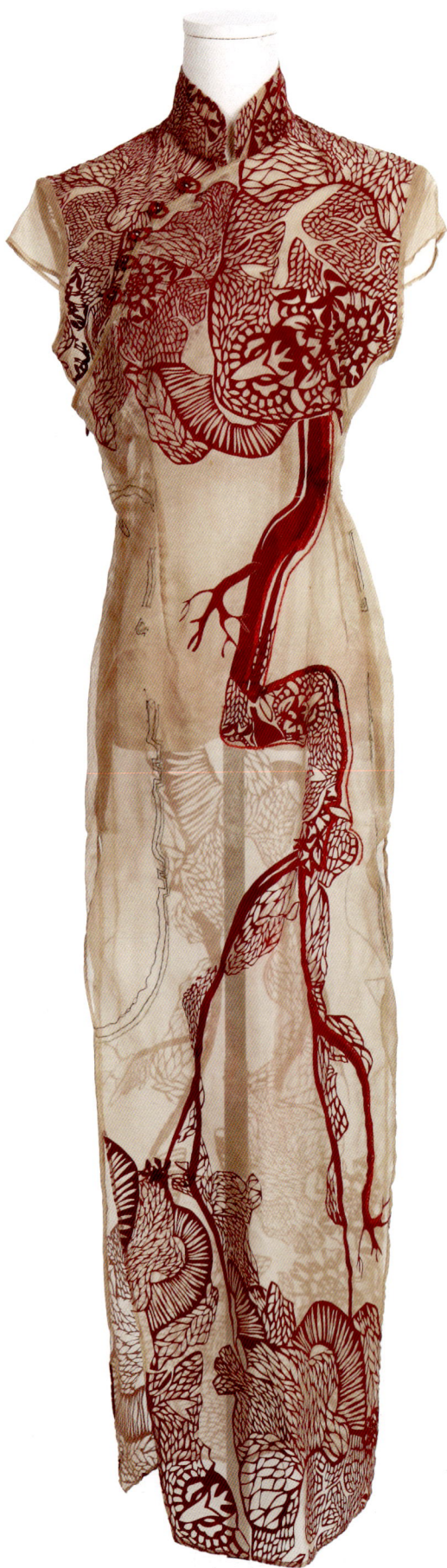

◇ 《花绽苦难次第开》
Flowers Bloom, Sufferings Disappear

2020.13.1
当代　合成纤维
衣长 131 厘米，肩宽 37 厘米
刘林溪

　　这件旗袍是创作者根据陪妈妈一起战胜病魔的经历创作的，也是为了庆祝母亲顺利渡过难关。家人的陪伴、积极的心态对每一个病人乃至每一个人都极为重要。以红线表示亲人之间的关心，用锁绣和盘金绣法绣在"血管"周围，再用纸雕这种传统工艺表现出美丽花朵形状的心脏图案，并用贴近肤色的真丝绒鼓励病人们正视伤痕——这是战胜病魔的勋章。这件旗袍，庆祝每一个人战胜困难的勇敢，每一位勇士都应该受到表彰，它就是为大家制作的荣誉状。

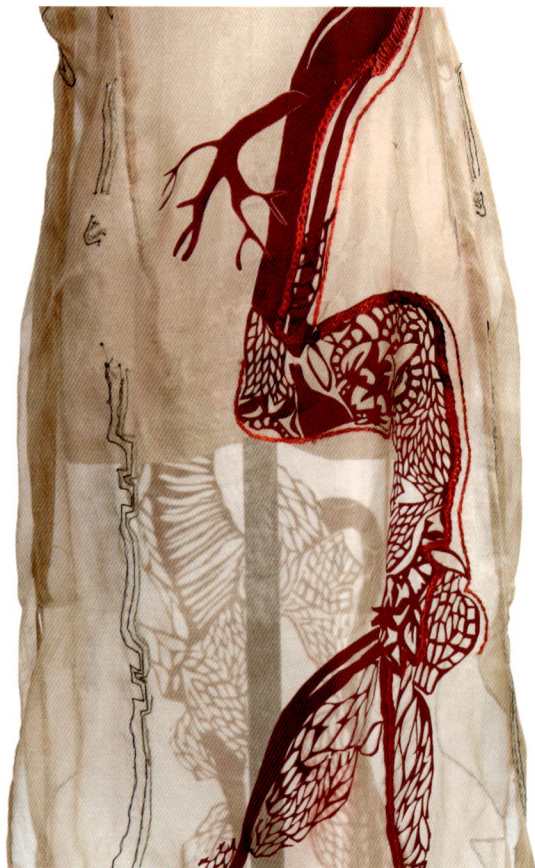

◆ 《君子兰》

Clivia

2018.175.2

当代　丝

衣长 210 厘米，肩宽 41 厘米

凌睿婉

　　此作品为纯白面料，辅以君子兰花朵手工刺绣，颜色和图案均象征高洁的品质。旗袍立领使穿着者优雅高贵，曳地礼服款式诗意浪漫。

◆ **云肩翘摆凤尾裙**
Cloud Shoulder Jacket and Phoenix-Tail Skirt

2017.119.1
当代 丝
衣长 53 厘米，连袖 168 厘米；裙长 122 厘米
郭培

　　这件"云肩翘摆凤尾裙"礼服选用了真丝缎，刺绣纹样主要采用蹙金绣绣成，做工极为精巧，共耗时 6238 小时。除了大量使用中国传统的吉祥纹样，设计师还将日本、波斯等风格的图案与中国官窑百花瓶上的图案结合起来，为整件作品营造了甜蜜旖旎的梦幻之感和热闹喧腾的喜庆氛围。采用了传统云肩的造型样式，并在此基础上做了夸张变形，在领部形态和后肩部分打破了古典传统的均衡之美，使其形态更为精巧，下摆仿照建筑檐、脊的造型结构赋予了整体服饰力量感、现代感。

◆ **盘金粤绣祥云彩蝶华服**
Dress with Gold Couching Embroidery of Clouds Motifs

2019.10.1
当代　丝
衣长 180 厘米，肩宽 45.5 厘米
屈汀南

作品以彩蝶与祥云盘金绣装饰的设计，让原本深沉而单调的莨纱绸更具视觉艺术感，以旗袍为廓型的极简表现形式，更添优雅之美。

◇ 《蝴蝶夫人》
Madam Butterfly

2019.1.1
当代　棉
衣长 147 厘米，裙撑宽 85 厘米
吕越

　　作品采用印有蝴蝶的蓝印花布与布料刻成的蝴蝶进行互动，使蓬裙的弧形形似鸟笼，把厨娘的围裙和大摆礼服裙进行不协调拼接。淑女与厨娘、自由与禁锢、中国土布与西式裙撑、手工印染与激光雕刻、平面与立体、过去与现在、东方与西方、阴与阳、虚与实，那些看似不相干的东西似乎又显现了相互支撑的和谐。矛与盾共存，这正是艺术家所要表达的内容。

◇ 《寻凤行凤循凤》

Wax-Resist Dyed Costume Phoenix

2007.20.3
当代　棉
衣长 52 厘米，通袖长 167 厘米；
裤长 129 厘米，腰围 78 厘米；
披肩长 280 厘米，宽 45 厘米
裘海索

　　设计者通过对苗族服饰的采风，在现代的服装款型上还原了传统的蜡染工艺和图案，曾获得第十届全国美展设计类金奖，并获选刊登在《庆祝中华人民共和国成立五十周年第十届全国美术作品展览——艺术设计作品集》。

◇ 《良渚神徽》

Insignia of Liangzhu Culture

2018.173.（1-2）
当代　丝，金属线
（1）衣长 138 厘米，裙长 51 厘米
（2）衣长 128 厘米
吴海燕

　　作品以距今约 5300—4300 年的良渚文化为设计灵感，面料采用传统织锦技艺辅以金银线点缀，以时尚理念诠释中华五千年文明史。

《寻凤行凤循凤》　│　《良渚神徽》（1）　│　《良渚神徽》（2）

◇ 《还原》之三

Restore

2019.24.11

当代 麻，棉，靛蓝染料，直接染料

长 131.5 厘米，宽 79.5 厘米

谭海平

青出于蓝而胜于蓝，靛蓝染色过程中，从布料浸入染液到提出染液的那一刻，布料表面经过空气的氧化，慢慢由黄绿色逐渐变为翠绿—深绿—蓝绿—蓝—深蓝，一块纯净的蓝色就染成了，而这微妙又短暂的变化转瞬即逝，为了留住这美好的变化，此作品通过手工蓝染及绿色系手染面料进行创作，采用传统叠布工艺拼接，在秩序中寻求和谐统一，展现蓝染过程中这瞬间的美好变化，将还原的整个过程静态化保留在画面上。

◇ 《五色·轮回》
Five Colors Represents Reincarnation

2021.125.1
当代　棉，麻，丝棉，植物蓝靛，苏木，栀子
长 72 厘米，宽 72 厘米
杜靓

《五色·轮回》灵感源自中国传统五色，中国传统五色涵盖了华夏文化的丰富内核，其象征意义影响至今。"五色"代表了不同的时间、不同的地域、不同的寓意，色彩的交替变化仿佛是生命的轮回。

作品采用了棉、麻、丝棉等多种材质进行了手工印染，染料包括植物蓝靛、苏木、栀子，染成红、黄、蓝三个不同色相，并在这三个色相中进行不同明度、不同纯度及色相的变化，最终产生丰富的色彩组合。

◇ 《线·迹》
Trace Stitches

2021.125.8
当代　小羊皮
长 150 厘米，宽 150 厘米
李玲、宋立

　　线是连接之物。连接着人与人、人与自然、人与社会。三幅作品分别用树根、棉线和网线象征人类文明发展的三个阶段：原始文明、农耕文明、工业文明。人类用线将自己与世界相连，在大地上共存共生。线既是"连接世界的工具"，也是"构建文明的手段"。作品选取紧绷的羊皮作为隐喻，传达出现代社会中人类与环境间的紧张关系，那张蓝色的文明版图后，充斥着杀戮、欲望和危机。作品用绞缬工艺，通过靛蓝多次套染凸显出线迹与印痕的凝重。

◊ 《洋装》
Dress

2013.92.1
当代 其他无机质
长 43 厘米，宽 35 厘米
黄文英

　　本件作品选择具有光泽的金属线织出影像，将照片中人物的衣服再制出来，金属材质让作品呈现硬挺立体的质地。作者认为服装是人体的延伸，可以包覆、展现或掩饰人体，所以服装的形式是一个诉说故事或呈现意念的载体，是人的隐喻。

◊ 《螺——时光染过的螺贝》

Spiral Shell Dyed by Time

2021.105.1
当代　棉，麻，普洱茶
带框长 41 厘米，宽 41 厘米
潘海音

当滚烫的茶汁经过布料纤维的缝隙，反复浸润后，阳光的作用使之沉凝，留下斑驳与沧桑的质感。

本作品将棉麻质感的布料经手工缝制塑型，再用天然植物染色的基本原料普洱茶反复浇染，形成独特的艺术效果，把独具美感的螺贝化石表现出来，实现用布料加针线的语言，经过天然茶染，呈现出古旧的质朴之美。

◇ **丝绸设计稿**
Design Draft for Silk

3351-8
当代　纸
长 25 厘米，宽 19 厘米
黄能馥

这套丝绸纹样设计稿共有 12 张，都是黄能馥老师的手绘作品。此为其中一张，笔法细腻，色调和谐，描绘了孩童在美景中游玩的闲适欢乐景象。

◆ 敦煌壁画临摹稿
A Set of Copying Manuscripts of Dunhuang Attire Patterns

2012.90.084，2012.90.001，2012.90.013
当代
均为长 39 厘米，宽 54 厘米
常沙娜

敦煌壁画、彩塑、建筑上各类丰富多样的装饰图案是敦煌艺术重要的组成部分，反映了各个时期人们生活、文化、习俗的时尚和特征，而服饰图案是敦煌装饰图案中十分重要的组成部分，反映了中西文化艺术相互影响以及融合发展的关系。此批敦煌服饰图案临摹原稿绘制严谨，细腻生动，忠实客观地表现了唐敦煌服饰图案的纹样造型、色彩、特征和规律，其中许多图案都能在敦煌莫高窟出土的实物中找到相似的例子。

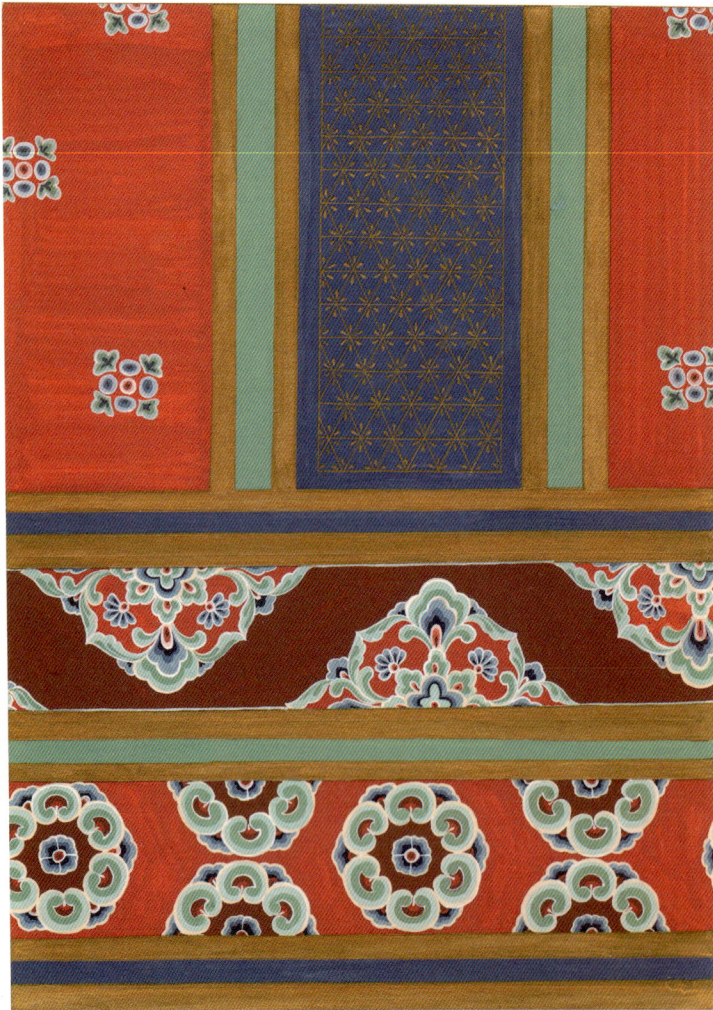

2012.90.033.2

2012.90.087

隋 427窟
群塑范思上起
……鸟阴螺致锦
(尺17)
青mmm 智能

2012.90.007

帝

隋 292窟
群塑 吹音永诸张绣绿丝绵
(P33)
青mmm 智能

2012.90.013

三代 98窟
女供养人(于阗国
玉曹仪金乐锦)
璇带仪绵 (P.18) 青mmm 智程一

2012.90.084

第二部分

海外篇

第四章

西方时尚

◆ **天鹅绒**

Velvet

2016.10.1
意大利 17 世纪 丝
长 146 厘米，宽 53 厘米

　　这块天鹅绒面料在金色地上密布
插满花卉的花瓶和叶形装饰纹样，以
该面料制作的服装光彩熠熠。

♦ **对花神话人物织锦**

Fabric with Flower and Eros

2016.18.7

意大利 17 世纪早期 丝、麻

长 120 厘米，宽 56 厘米

这件藏品为整幅面料，面料纵向排列两队神话人物与花卉纹样，两两对称，花高 51.0 厘米。神话人物头戴盔甲，背生双翼，一手叉腰，腰系箭袋，脚踩龙头纹样，两脚间放置弓箭。另一手握中间的花瓶，花瓶两端各蹲坐一位天使，与神话人物对视，花卉缠绕而上，有鹊鸟栖息其上。面料使用两组经线，红黄两色，纬线同样两组两色，两组纬线粗细区别较大。

◆ "怪异风格" 丝绸
Bizarre Silk

2016.10.9

意大利或法国　17 世纪末 18 世纪初　丝
长 246 厘米，宽 51 厘米

　　17 世纪末至 18 世纪初，"怪异风格"
丝绸流行于欧洲，其图案起源于东方，形
状奇特，充满异域风情。图案通常较大且
不对称，包括几何纹、程式化的花叶纹、
亭台、拱门和围栏等。该织锦缎由金属线
织出大面积的建筑、托架和涡卷形装饰，
用绿色和橙黄色勾边。建筑物之间填以红
色，用黄、蓝、绿、紫和白色等纬线织出
精巧的花卉和枝叶。

◆ 蕾丝纹妆花织锦

Brocade with Lace Design

2016.18.31

荷兰　18世纪20年代　丝

长94厘米，宽40厘米

　　该面料采用蕾丝纹样，纹样描绘精致细腻，边缘多用线条表现,面料织造使用双色经(绿色：白色＝1∶1），地部为绿色，图案为米色和绿色，其他彩色部分使用妆花工艺，整个纹样为独幅对称花卉，花卉很长（42.2厘米），是18世纪早期典型纹样，用于当时的服装和室内陈设品。

♦ **花卉纹妆花织锦**

Fabric with Floral Design

2016.18.34

法国 18 世纪 20 年代 丝
长 105.6 厘米，宽 56.7 厘米

　　18 世纪早期，法国丝绸纹样偏爱使用
大型图案，一般左右对称，花型大气庄重，
注意细节的表达，多用于室内装饰，因此
花高普遍偏长，甚至可以有一米多高，此
面料花高 60.2 厘米，经线使用双色（红
色：米色 =1：1），纬线三色（米色、
白色、绿色），其他颜色使用妆花工艺，
面料整体呈大红色，主花浅米白色，副花
面积小，色彩跳跃，很好表达了华丽庄重
的效果。

◆ 中国风织锦

Chinoiserie Brocade

2016.18.24

法国　18 世纪 40 年代　丝

192.2 厘米 × 73.7 厘米

　　此件织物主要色彩为红色及白色，纹样为在蜿蜒盘旋的树枝上一位手持伞盖端坐的人物，端坐人物的穿戴有明显的中国风，如斗笠状的帽子，对襟的衣服。该面料采用双色经（红色：白色 = 1：1），花幅 25.2 厘米，花高 42 厘米，纬线选用接近的米色和白色，纱线粗细不一，在面料上表现隐约的肌理与色彩变化。

◆ 独幅花卉建筑纹妆花织锦

Fabric with Floral and
Architecture Design

2016.18.2
英国 约 18 世纪 40 年代 丝
80.2 厘米 × 46 厘米

英国丝绸设计在 18 世纪 40—50 年代也出现了在平纹或菱纹地部上织满花卉图案的特点，相较法国的设计更趋向自然主义的发展。本藏品为独幅花，花高 58 厘米，由白色羽毛在布面形成一条 S 型的线条，像轻柔的缎带缠绕，石筑拱门和篱笆上缀满了红花绿叶，拱门边一株红梅，绽放枝头，地上绿草茵茵，花团锦簇，一支小花蜿蜒着与白色的羽毛相互缠绕着伸展开去，一派热闹景象。面料为纬二重妆花织锦，地部为平纹变化组织，白色和粉色纬线从下织到上，其他纬线均为局部妆花工艺。

◆ 提花缎

Fabric with Flower and Architecture Design

2016.18.1

法国　19 世纪早期　丝

149 厘米 × 58.5 厘米

　　此藏品为独幅对称纹样，花幅 57.0 厘米，以中间为轴，两边对称分布花卉、叶蔓、稻谷、珠串、禽鸟、花瓶等，纹样充满着浓郁的中国风，又有着西洋的表现手法，为新古典主义风格，主要色彩为蓝色和米色，蓝色为地部。

◆ U 型花卉多色天鹅绒

Velvet with Floral Design

2017.4.5

意大利 17 世纪 80 年代 丝，棉，麻

47.6 厘米 × 46.6 厘米

天鹅绒一直是中世纪晚期最豪华的丝织品，意大利至少从 13 世纪起就开始生产平纹天鹅绒面料。本装饰面料整体呈"U"型，中间部分分为 5 层，第一层为多色的提花绒，使用了多种花卉纹样，纹样大小统一，但花型丰富多变，花型或用深色线条勾勒或块面绒面表现，两种表现方法呈梅花桩交错排列，花头依次改变方向，呈平行点状排列，用枝蔓连接，在强烈的秩序中又带有节奏变化。四周加一层花边。第二层为纱（仅中间破损处有，估计为后期修复时添加）。第三、四层均为厚实的棉麻布。第五层为平纹棉布。

◆ **礼服**

Formal Dress

2016.10.14

欧洲 17 世纪末

丝，皮，金属线

上衣长 43 厘米；裙长 108 厘米

　　这件 17 世纪末期的礼裙用当时非常珍贵的织锦缎面料缝制而成，数根鲸骨支撑的紧身上衣背后用丝带闭合，下半部的裙身使用了大量的丝绸面料营造了奢华的体积感。

◆ **手套**
Gloves

2016.10.12
英国　17 世纪 60—80 年代
丝，皮，金属线
长 13.5 厘米，宽 24 厘米

这副手套由皮革制成，口沿装饰着黑色丝带和金色金属线蕾丝。精美的蕾丝意味着该手套搭配服装的装饰性胜于防寒保暖的功能。

◆ 马甲

Waistcoat

2014.1.944

欧洲　18 世纪　丝

衣长 83 厘米，肩宽 38 厘米

　　这件马甲前门襟有 13 粒纽扣，下摆微扩，侧下处开衩，开衩处的前后片延伸出三角状的叠合。侧面有两个口袋，口袋夹棉。前片的面料为蓝色织锦，浅蓝色地上用白色、蓝色、金色和银色的纬线织出树干和花叶。后片面料为蓝色高花织物，图案为斜向交替变化的实线和虚线段上竖直排列卷叶花枝。

◆ 裙
Gown

2015.35.6
欧洲 18世纪 丝，棉
衣长 141 厘米

这件条纹长裙前部正中央饰有与裙身相同面料制作的褶皱和蝴蝶结。裙摆内部下半部分衬蓝白条纹的丝绸，上半部分则衬以红、黑、白色的格子面料。紧身胸衣内衬白色的棉和亚麻。

◇ 裙

Gown

2015.35.8

欧洲　18 世纪 60 年代　丝

衣长 139.5 厘米

该长袍由"怪异风格"织锦缝制而成，背部合体，前开口。面料底色为象牙色，图案为结有果实、枝繁叶茂的大树，充满异域风情。

◇ 裙
Gown

2015.35.7
欧洲　18 世纪 60 年代　丝
衣长 153 厘米

　　此套服装包括一件完整的衬裙，前开口的
长裙和匹配的三角胸衣。裙无衬里，前面饰有
宽大的荷叶边作为裙子的褶边，袖口饰有三层
褶裥。丝绸图案是在深粉色圆点的地上装饰着
大型的花束与小花形成的曲折十字形。

◇ 华托裙

Watteau Gown

2014.1.944

欧洲　18 世纪 50—80 年代　丝

衣长 185 厘米

　　这是源于画家让 - 安东尼·华托（Jean-Antoine Watteau）的作品并以其名字命名的长裙。它是穿在紧身胸衣和衬裙外的一种宽松长裙，其特点是从后颈处向下做出一排整齐规律的褶裥，垂拖到裙摆处散开，背后的裙裾蓬松，走路时裙摆会徐徐飘动。

◆ **波兰裙**
Polonaise

2015.35.3
欧洲　18 世纪 70 年代　丝
衣长 155 厘米

　　波兰裙是一种 18 世纪 70 年代或 80 年代出现的源于波兰的民族服饰，穿在衬裙外，罩裙下方为圆摆。这件裙保留了最初内部安装的系带，带和环仍然完好，可以将背部收起。面料为织锦，在香槟色和珊瑚色的条纹上用乳白色和绿色织出花朵和蓓蕾。

◆ 巴尼尔长裙

Formal Dress

2015.35.9

欧洲　18 世纪 70—80 年代　丝，金属线

衣长 156 厘米

　　礼裙上部为前闭合的紧身胸衣，裙摆前开口，露出衬裙。面料中织有银线，图案地部为宽窄交替出现的条纹，上面织有花卉和藤蔓。

◆ **长礼服和马甲**
Overcoat and Waistcoat

2015.35.1
欧洲　18世纪90年代　丝
衣长156厘米

这两件服装应该曾属于宫廷套装，与天鹅绒马裤配套穿着，脖子处应有蕾丝花边领饰。礼服面料为褐色割绒，装饰华丽的彩色花卉纹刺绣，袖口象牙白色蕾丝与脖颈处呼应。马甲面料为象牙色丝绸，上面用彩色丝线绣出与礼服刺绣同类型的花卉。

◆ 晨礼服

Dress

2015.35.5
欧洲 19 世纪 10—30 年代 丝
衣长 132 厘米

　　这件晨礼服兼具古典和浪漫主义风格的特征，具有高腰线和蓬袖造型。领围线较低，领口有花边装饰。舒适的外轮廓和质地轻薄的面料显露女性形体的自然曲线，这是 19 世纪早期的帝政风格的主要特点。

◆ 裙

Dress

2014.1.1063

欧洲　19 世纪 20—40 年代　丝

衣长 123 厘米

这件乳白色裙装领围线平展，袖部蓬松量较大。褶裥从胁下向后，大量堆积于后腰处，从而形成了蓬松的裙体。裙子的胸前装饰有同种面料制成的蝴蝶结。

◆ 裙

Dress

2014.1.930

欧洲　19 世纪 30—50 年代　化纤

上衣长 34 厘米；裙长 94.5 厘米

　　这是一件白色 V 型领缎面长裙，前胸和袖缘
均通过面料的繁复折叠形成了华丽的装饰效果。

◆ 裙

Dress

2014.1.398

欧洲　19 世纪 30—50 年代　丝

衣长 145 厘米

　　这件裙装的腰部通过大量密集的褶裥，形成了非常合体的 X 型廓型。红、绿、紫三色条纹的塔夫绸面料，强化了整体轮廓的线条感。

◆ 裙

Dress

2014.1.35595
欧洲　19 世纪 30—50 年代　丝
上衣长 51 厘米；裙长 120 厘米

　　19 世纪 50 年代早期，通过挂钩或者扣眼，晨礼服的短上衣一般在背后闭合。但是这个时期也同时出现了新时尚：于前襟扣合的夹克式短上衣开始流行，套穿于内衣外。

◇ 裙

Dress

2014.1.36947

欧洲 19 世纪 50—70 年代 棉

衣长 118 厘米

1870—1885 年的时尚可以精简地概括为两点：一是用机器缝制的、合体紧身的短上衣；二是在本来是紧身合体的裙上堆砌装饰大量面料、花边和褶裥。在巴瑟尔时期早期，裙子的后摆较低，且有裙拖。到了 1886—1888 年，巴瑟尔风格达到鼎盛时期，为了强调翘起的臀部，裙摆后部常常装饰有垂褶、花边和蝴蝶结。

◆ 裙
Dress

2014.1.35425
欧洲 19 世纪 50—70 年代 棉
衣长 140 厘米

　　19 世纪 50 年代的物质繁荣也反映在了服装的变化上。裙体变得越发宽大，起初这种效果要靠在裙子下穿许多层衬裙来达到。后来，这些繁琐的衬裙被一种新式裙撑即克里诺林取代。这件裙装胸前有交叉的褶裥装饰，有带流苏缘饰的钟形袖，腰部收紧，裙体宽阔，由三层几何印花织物组成。

◆ 裙

Dress

2014.1.35592
欧洲　19 世纪 70—90 年代　丝
上衣长 51 厘米；裙长 110 厘米

　　19 世纪 60 年代中期，克里诺林风格开始向裙身背面转移，前面变得较为平坦，到了 60 年代末则被巴瑟尔风格完全取代。巴瑟尔风格强调女性的臀部体积，该风格服装带有一个裙撑，这也是 19 世纪 70 年代西方女装的典型外部特征。这件有流苏装饰的裙装就属于这个时期。

◆ 裙

Dress

2014.1.242
欧洲　19 世纪 70—90 年代　丝
上衣长 140 厘米；裙长 104 厘米

　　这组深紫色裙装由同色系的一件长外套和一条长裙组成。外套的立领与袖口处装饰有浅紫色蕾丝。裙子的下摆缝制了一层褶边。

◆ 礼服
Dress

2014.1.1060
欧洲 19 世纪 80—90 年代 丝
衣长 270 厘米

这件刺绣精美的礼服裙的乳白色缎面上用银线绣满花蔓图案。上衣内部支撑多根鱼骨，裙子两侧采用大量褶皱，后有大摆拖裾。

◆ 裙

Dress

2014.1.36025
欧洲　19世纪80—90年代　丝
上衣长55厘米；裙长144厘米

这件裙装主体使用浅藕色塔夫绸，在各衣片的边缘缝制上叶片形状的深红色丝绒镶边，富有创意。

◇ 裙
Dress

2014.1.37255
欧洲 19世纪90年代 丝
上衣长 48 厘米；裙长 132 厘米

　　这件丝质裙装高领，有羊
腿袖，在颈根围和腰部通过几
个褶裥收紧。裙子长而拖地，
外观呈钟形。19世纪90年代，
巴瑟尔裙撑从女性服装中消失，
裙子又恢复了其平滑的外观。

◆ 裙
Dress

2014.1.36962
欧美　20 世纪 10 年代　丝
衣长 148 厘米，肩宽 40 厘米

　　20 世纪 10 年代，衣服不再分
成上衣和裙子两部分，高腰围和直
线轮廓是当时的流行。这件裙子用
蕾丝和蓝色丝绸多层次装饰，后面
有一个长的拖尾。多层次的半裙设
计预示着即将来临的短裙时代。

◆ 裙

Dress

2014.1.8154
意大利 20世纪10年代 丝
衣长180厘米，肩宽34厘米

　　玛丽亚·莫纳西·加伦加（Maria Monaci Gallenga）是一位意大利艺术家，她擅长将精美的哥特式和中世纪图案艺术装饰在礼服、晚装斗篷上。这件礼裙具有华丽的视觉效果，所用的纺织品非常独特。在蓝灰色的丝绸面料上涂有金色的花卉，这就是玛利亚标志性的金属模板印刷技术，历经百年并未褪色或脱落。

◆ **套装**
Suit

2014.1.2716
欧美　20 世纪 20 年代　丝
外套衣长 77 厘米，肩宽 43.5 厘米；
裙长 118 厘米

　　这套两件式女装，外面是对襟的直身外套，里面是米色乔其直身裙，款式简单，是女性功能性套装的前身。胸前采用抽褶装饰，裙子部分和外套采用了色彩对比强烈的迪考艺术（Art Deco）几何图案刺绣装饰，折线的尖硬、锐利、不稳定的特性与真丝面料的柔软飘逸相冲撞，丰富了服装的视觉效果。

◆ 裙

Dress

2014.1.726
欧美　20 世纪 20 年代　化纤
衣长 102 厘米，肩宽 40 厘米

　　无袖的深蓝色网纱珠片舞裙是 20
世纪 20 年代中期的时尚款型。蓝色、
金色的亮片和钉珠在低腰处缝缀成腰
带状，圆领裙子后背为深 V 的露背款
式。这件别致的舞裙上显现了流行的
迪考艺术几何图案和受古埃及文化启
发的图案和颜色，给服装艺术带来与
众不同的新感受。

◆ 裙

Dress

2014.1.1375
欧美　20 世纪 20 年代　丝
衣长 106 厘米，肩宽 42 厘米

　　这件典型的爵士时代的夫拉帕（Flapper）裙，几乎聚集了所有 20 世纪 20 年代的流行元素，轻薄的曙红色雪纺面料，深 V 领，管状廓型，珠片刺绣几何图案，是迪考艺术风格的体现。流苏状的珠串和熠熠发光的钉珠、莱茵石、亮片的装饰使之成为舞会的焦点。女性着短裙时充分展示腿部优美的曲线和肌肤的魅力，即便裙装造型简单，也因身体若隐若现的裸露而显得女性味十足。

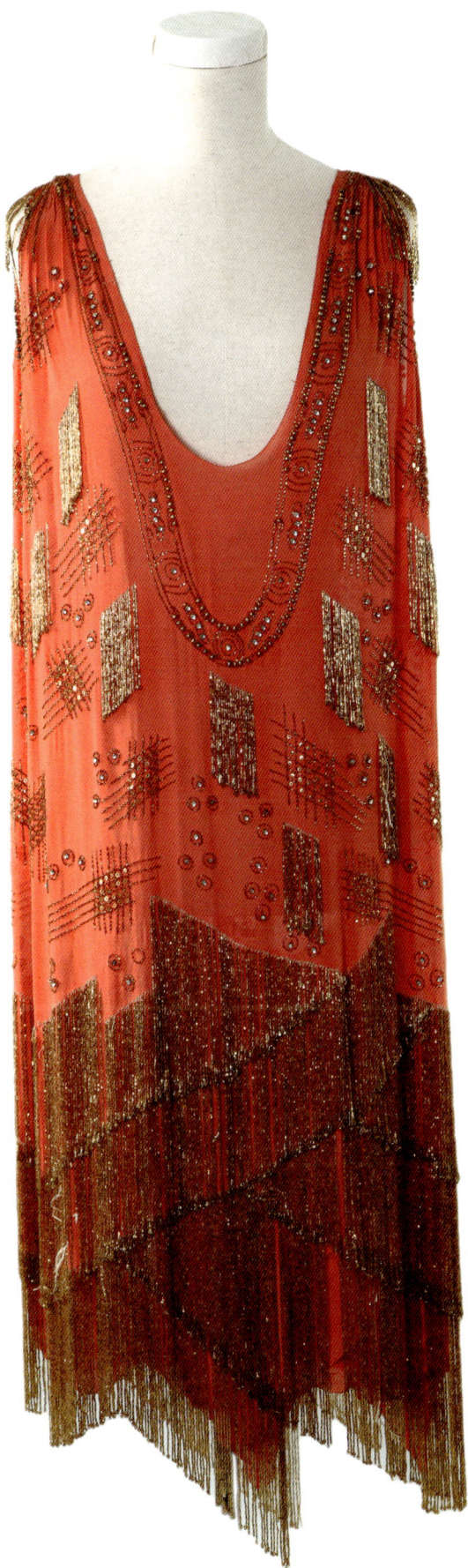

◆ **帽**

Hat

2014.1.36616

19 世纪 20—60 年代　草，丝

帽围 39 厘米

　　这顶粉色软帽表面用多层精致的蕾丝缝制而成，内衬浅粉色花卉图案棉布里料，顶部系有多个蝴蝶结。软帽是 19 世纪最常见的女性用帽。女性们带着装饰有精致褶边的丝质软帽，出入于各种公共场合，例如商店、画廊、教堂等，或者去拜访亲朋好友。

◆ **帽**

Hat

2014.1.35276

20 世纪 20 年代　毛

帽围 55 厘米

　　帽子采用鸟的羽毛甚至整个制成标本装饰，这种设计从 20 世纪初开始一度流行，导致对鸟类的大量捕猎，甚至使羽毛漂亮的鸟类濒临灭绝。这是一顶用虹雉鸟装饰的精美女帽。

◆ **包**

Bag

2014.1.19015
20 世纪上半叶　皮，毛
长 25 厘米，高 20 厘米，厚 7 厘米

　　此件手包由皮革和羽毛制成，色彩丰富，与礼服搭配穿着，成为整体造型的点睛之笔。
　　20 世纪 20 年代，轻薄纤细的裙装一般舍弃了口袋，作为 20 世纪的新女性，她们工作、旅行、开车，手包要装香烟、化妆品等所有的必需品，但既不能太笨重，更要小巧时尚。手包通常由皮革制成，多有体现中国、古埃及、非洲和立体派艺术风格的装饰。

◆ **鞋**

Shoes

2014.1.16845
19 世纪　皮，丝
脚长 23.5 厘米，鞋高 14.5 厘米

　　这双白色高跟鞋上的漩涡形纹饰非常抢眼，鞋舌部位搭配镶钻方形扣和蕾丝装饰。

◆ 裙
Dress

2014.1.36966
法国　20 世纪 20 年代　丝
衣长 118 厘米，肩宽 33 厘米
Jeanne Lanvin

　　女装设计师珍妮·郎万（Jeanne Lanvin）风格显著的裙子，同样拥有 20 世纪 20 年代的低腰，但是裙子两侧宽大，以衬裙或裙撑往两旁撑开，与 18 世纪的法国宫廷裙子风格相似。这种风格在以无曲线为时尚的年代异军突起，一直流行到 20 年代末期。由于宽大的裙摆更适合各种装饰，如刺绣、羽毛、蕾丝及人造花，这件白色裙装在胸口和裙摆装饰了大朵的粉色丝绒花卉。

◆ 裙

Dress

2014.75.4
法国 1958 年 丝，无机质
裙长 140.5 厘米，肩宽 39 厘米
Pierre Balmain

　　皮埃尔·巴尔曼（Pierre Balmain）是法国设计师，作品以精致和优雅知名，他将服装称为"移动的建筑"。这件晚礼服由泡泡纱、数百颗手工缝缀的绿松石和小珍珠制成，穿着时流光溢彩，交领、腰带以及高开衩营造出动人轮廓。

裙
迪奥（Dior）

裙
郎万（Lanvin）

套装
巴伦夏加（Balenciaga）

◆ 裙

Dress

2014.75.1
法国 1954 年 丝
裙长 130 厘米
Christian Dior

　　这件迪奥高级定制服装出自
1954 年秋冬系列，是由克里斯汀·迪
奥（Christian Dior）本人指导及
设计的绝美范例。裙子由细纱构成，
云般轻盈，黑色丝绒蝴蝶结在前
方排列而下，线条优美，腰部纤
细，钟形裙子饱满漂亮。

◆ 裙

Dress

2014.75.2
法国 20 世纪 30 年代 人造丝
衣长 140 厘米，肩宽 28 厘米
Jeanne Lanvin

　　这件精美的裙装来自郎万的高
级定制，采用黑色丝绸质地，非常
适合鸡尾酒会或者红毯场合，简单
不易过时。多层薄纱堆叠，增强了
肩部柔和视效。裙摆底边开衩，便
于活动。跳舞时，当前襟的丝带装
饰飘起，效果极佳。

◆ 套装

Suit

2014.75.3（1-2）
西班牙 1951 年 丝、其他无机质
衣长 47 厘米，肩宽 49 厘米；
裙长 77 厘米
Cristobal Balenciaga

　　克里斯特巴尔·巴伦夏加
（Cristobal Balenciaga）是时装
史上为数不多能自己完成设计、
裁剪和缝纫的时装设计师之一。
他的很多作品被认为是高级时装
的杰作。此套装由黑丝绒和棱纹
丝绸所制，紧身上衣配合长裙，
上衣用水晶按钮扣合，造型夺目
的领子更衬托出了细腰。

◆ 裙

Dress

2015.11.6

法国　1974 年　丝

裙长 148 厘米

Pierre Balmain

　　自 20 世纪 40 年代以来，巴尔曼（Balmain）品牌以精致剪裁的日装、极致妩媚的晚装而闻名。这件晚礼服是巴尔曼于 1974 年为明星唐娜·米歇尔量身定制之作。单肩黑色打底裙合体收身，裙长及脚踝，外束深绿丝质灯笼短裙，并以宽阔紫色腰带系缚。

第五章

丝路民俗

◇ 妆花腰带

Sash with Plants in Stripes

2016.27.3

波斯　约 17 世纪 90 年代—18 世纪 50 年代

丝，金属线

377 厘米 × 62.5 厘米

　　此件织物图案设计可分为主体纹样、两端较宽的边饰，以及四周窄带式细边，系束时两端垂下。以银皮花式线织出华丽反光的地部，主体纹样为条带内织出花叶和几何纹，通过改变纬线的色彩，搭配出从清新向沉稳过渡的效果。两端较宽的边饰内织出二方连续的八瓣式花卉，花瓣边缘饰以联珠纹，花瓣内织方格纹。

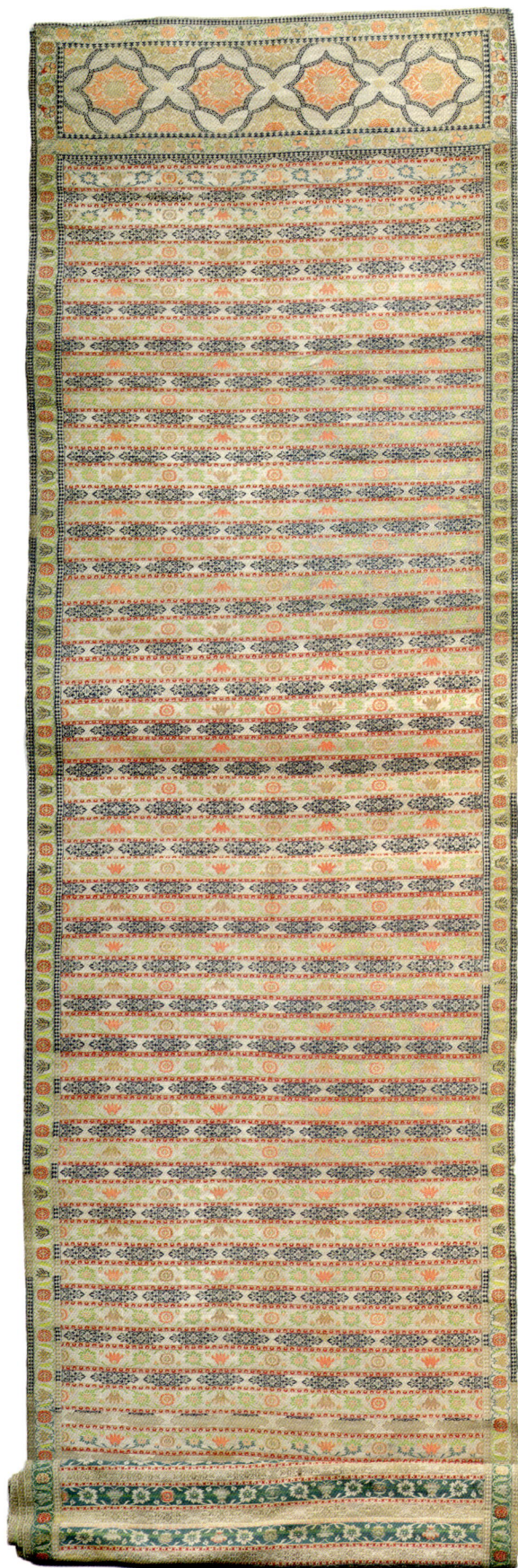

◇ 花卉纹织锦

Fabric with Floral Design

2017.4.15
波斯　约 19 世纪末—20 世纪初　丝，金属线
34 厘米 × 31 厘米

这件织物中间部分以蓝色为地，纹样为满地设计，用丝线和金属线织出了单株花卉植物，填充在对波骨架中，蓝色地部露出的块面很小。四周用米色面料拼接，纹样为二方连续的缠枝花卉。两种面料都使用了绕银皮的花式纱线。

◇ **花卉纹织锦**

Fabric with Paisley Design

2017.4.14
波斯　约 19 世纪末—20 世纪初　丝，金属线
63.5 厘米 × 46.5 厘米

此件织物用黑色斜纹织物包边，由四种面料拼接组成。其中左右两端中间面料为红地花缎，其余均运用妆花技术，织造较为松散。除上下两端中间面料在佩斯利纹样之外还织有折枝花卉等小型宾花外，其余均只有小型重复的佩斯利纹样。

◇ 平纹地花卉纹绣花织物

Fabric with Embroidered Flowers

2017.4.12

阿尔及利亚　19 世纪　丝，棉

210.5 厘米 × 42 厘米

此件织物纹样的主体花卉为红、蓝两色。花瓣似焰状，辅花似菊科类花卉，花瓣扇形排列，每片花瓣使用不同的色彩，极具特色。在平纹面料上刺绣花卉纹，两块相同花型的面料拼接而成，拼接处使用花边，其中一侧的绣线磨损严重。

◇ 女士刺绣礼服

Embroidered Female Robe

2016.27.2

土耳其　18 世纪 80 年代—19 世纪初　金线

衣长 152.5 厘米，通袖长 180.5 厘米

　　精美的刺绣女士礼服，运用多色丝线和金属线，在平纹棉布上锁绣、钉绣。纹样以缠枝花卉为主，用圆金线、银线绣出藤蔓和花、叶的轮廓，再以丝线锁绣填充花叶。比较有特色的地方在于使用米黄、粉、白、蓝四色平纹棉布做地部面料，剪裁成曲折条纹纵向拼接。手臂部的内衬也用红、绿和白色棉布竖条拼缝，用多色丝线锁绣花卉。袖口裁剪成波浪状，以金属片和金属线钉绣出花边装饰，整体色彩柔美，做工精致。

◇ 十字绣平纹布

Embroidered Fabric

2017.4.18

希腊　20 世纪　丝，棉，亚麻

64.5 厘米 × 63.5 厘米

此刺绣织物用黑色丝线在方形棉布上绣制，叶纹和斯匹萨（Spitha）纹样交替出现，以"井"字将布面分割，中间区域填充中心对称的四片阔叶纹样，四周留白处，用单独的、小的叶纹对称布置，布四周缀有流苏，既简洁又美观。运用了十字绣针法，这种针法，第二针横跨在第一针之上，可以使表面产生隆起的效果，突出立体感，提升质感。

◇ 叶纹刺绣平纹布

Embroidery with Leaf Design

2017.4.17
希腊　20 世纪 20 年代　丝，棉
长 96 厘米，宽 97.5 厘米

此件织物以棉为地，用丝线绣制，同一叶纹沿布边缘两侧有序排列成对称的"L"型，色彩有序变化，重复出现，设色淡雅和谐，似为橄榄枝叶。叶纹主体以平针针法，从纵、横两个方向绣制，丝光随光线变化，有立体感。在西方宗教故事中，鸽子衔着橄榄枝报告洪水消退的消息被用来象征和平与安宁。希腊许多岛屿都生产刺绣，广泛用于服饰和室内装饰，如床帐、靠垫套等。

◇ 花草纹艾德莱丝绸壁挂

Ikat Wall Hanging

2016.18.41
乌兹别克斯坦　19 世纪中期　丝，棉
83.8 厘米 × 92.7 厘米

这件尺寸稍小的艾德莱丝绸壁挂也产自乌兹别克斯坦的布哈拉地区。正面的艾德莱丝绸经线为丝线，纬线是本色粗棉线，纹样主题是大型花卉植物纹，色彩鲜艳、对比强烈。四周包宽约 0.6 厘米的暗绿色平纹棉布缘，背衬是红、橙、黑三色花卉纹印花棉布。壁挂夹棉，背面能看到用棉线纤缝的线迹。

◇ **葡萄叶纹刺绣织物**

Fabric with Grape Leaf Patterns

2017.4.13

摩洛哥　20 世纪 20 年代　丝，棉

49.5 厘米 × 40 厘米

此件织物在平纹面料上以多色丝线用十字绣针法绣出葡萄叶纹和曲折的几何纹边饰，纹样均以直线表现，葡萄叶有序地对称排列在中间枝条两侧，整体呈竖条排列。葡萄叶纹样宽 7.8 厘米、高 13.0 厘米。

◊ **韩国圆领衫绿地外衣**

Wonsam

2018.73.2
韩国　当代　丝
衣长 144 厘米，通袖长 262 厘米

　　这件圆衫原件保存在韩国檀国大学石宙善纪念博物馆，出土自海平尹氏之墓，制作于 1660—1701 年。圆衫领口为圆领，对襟，是朝鲜王室、贵族结婚时所穿的一种礼服，平民女子一生中只有在结婚时可以穿一次绿圆衫。圆衫里需穿唐衣。主体衣料是莲花纹纱，两边袖缘由四种彩色条丝绸拼接而成，白色地饰以桃子和石榴、佛手柑图案，黄色地饰以松鼠、葡萄图案，红色和蓝色地饰以莲花图案。整件圆衫为手工缝制，复制者为韩国传统文化大学 Keum Da Woon。

◆ 红色绣金银线凤凰纹礼服
Kimono

2017.9.2
日本 昭和时代 丝、金属线
衣长 172 厘米，通袖长 130 厘米
梁学培、余翠雁夫妇捐赠

　　这种和服上衣为日本女性在正式场合穿着的传统礼服，内衬有丝绵。衣摆拖地，袖身十分宽大，对襟直领，在大红色暗花地上以金、银线等金属线运用钉针手法，绣有金银闪烁的凤凰，并用彩色丝线绣有折枝花卉、竹叶，富贵华丽。

◆ 《机灵的鹿》

Smart Deer

2019.24.6
日本　当代　丝
衣长 177.5 厘米，通袖长 158 厘米
Yoriko Murayama

这件和服作品隐晦地体现了日本生态系统的一个难题。近年来，随着天敌的减少，鹿的数量呈爆炸式增长。它们吞噬了大量的草和森林，它们很聪明，跑得很快。

◇ **仪式用披肩**

Ceremonial Shawl

2015.8.14

老挝 20 世纪 20—40 年代 丝，棉

65.5 厘米 × 44.5 厘米

　　这件织物为老挝北部妇女的传统披肩，采用纬二重提花技术。织工在对称的结构中填入抽象的凤鸟纹、人物纹等，并搭配各式几何纹，图案主次分明，构图饱满。此件披肩使用米、蓝、黄、绿等多色丝线做花纬，色彩搭配和谐，做工精巧。

◇ **佛教故事纹绊挂布**

Hanging Piece with Buddhist Design

2015.8.20

柬埔寨 20 世纪 30—40 年代 丝

120 厘米 × 78.5 厘米

　　这件来自柬埔寨的纺织品为举行寺庙仪式时使用的挂饰，采用纬扎染工艺制作，先将纬线染成黄、红、绿、米等色再织造。图案有华宇宫殿、穿戴华丽的贵族人物，象征神圣坐骑的一对白象、高贵的白马，以及菩提树、旗帜等图纹，将富贵祈福的景象精彩呈现在这幅织品上。图案循环为经向 62.0 厘米。这些图案在织物上呈现出了一派富贵的景象。

◇ **几何纹女筒裙**

Female Skirt with Geometrical Design

2015.8.10

泰国　20 世纪 30—40 年代　丝，棉

长 97 厘米，宽 70 厘米

这件女筒裙来自泰国，由四部分拼接而成，展开长度 140.0 厘米。从上往下依次为白色和红色平纹棉布以及绿色和黄色织锦。绿色织锦部分为经二重组织，黄色经线在墨绿色地上形成几何形图案，整齐规律排列。最下面黄色部分为纬二重组织，用黄、绿、黑等色丝线做花纬在红色地上织出几何图案。整件筒裙特色鲜明，风格独特。

◇ **彩绣曲线花鸟纹女筒裙**
Skirt with Flower and Bird Design

2015.8.28
缅甸 20世纪40年代 丝
145厘米 × 97厘米

这件缅甸女裙在红绿相间的纵向条纹地上，用红、紫、黑、绿、黄、米色等多色绣线绣出连枝花卉纹和鸟纹，用黑、红、米三色勾边，强化图案的轮廓，刺绣针法细密。红绿互补色的搭配，为这条裙增加了活力。

◇ **山东绸蜡染披肩**
Batik Shawl of Shandong Silk

2014.61.7
印度尼西亚　20 世纪早期　丝
306 厘米 × 50 厘米

　　这是一件在爪哇北岸手绘完成的蜡染织物，用来自中国山东的绸，在浅棕色细密的底纹上画出细腻丰富的纹样，其中出现有象征金翅鸟（Garuda）的双翼纹等，上下两端缀有流苏，应为贵族所用。蜡染在荷兰殖民时期蓬勃发展，大量外销，结合手绘的蜡染工艺，是审美与生活应用的完美结合。

◇ 横罗地刺绣人物风景纹女上衣

Badan (Woman's Bodice)

2015.6.1
印度　19世纪　丝
衣长 31.5 厘米，肩宽 31.0 厘米

　　这件为印度帕西人传统的对襟女性上衣，搭配纱丽穿着。紫色罗地上绣以中国风景人物纹饰，内衬为紫色棉布。图案描述的是一派热闹的生活场景，牵着马的牧童，盛开的花朵，翩翩飞舞的蝴蝶，还有白鹤和孔雀。衣襟处描绘的一位老者坐在桌前正提笔写字，身边的植物枝繁叶茂，房屋、假山、桥梁等建筑穿插在画面中。

◇ 重锤织机（复制品）
Ancient Weighted Loom

2018.92.3
丹麦　当代　木
180 厘米 × 30 厘米 × 230 厘米

　　重锤式织机广泛使用于欧洲和近东的许多地区，匈牙利、希腊、意大利、瑞士、英国，以及斯堪的纳维亚半岛都有记载。

　　重锤织机一般是直立的，有时靠在墙上或天花板的梁上。首先，经线的起始边被缝到梁上，然后依靠重力下挂至底部固定。为了使织造速度更快，经线可以分很多层，这样经线被绑成一个个综棚，综棚数量的多少可以根据织工的织造需求而定。织造时，一个人站在织机前面，织工通过改变综棚来打纬。

　　重锤织机很适用织造密集的斜纹织物和粗犷的平纹织物。不过因为各地区技术和需求的不同，织机上所生产的织物也会因地区而有所不同。

◇ **贾卡织机**

Jacquard Loom

2018.103.3

法国 当代

300 厘米 × 110 厘米 × 280 厘米

　　贾卡织机是法国工程师贾卡（1752—1834 年）于 1799 年在布启、法尔康、莱尼、沃康松等人的织机基础上完善的新的纹版提花机。织机制成了整套的纹板传动机构，配置更为合理的脚踏机器提花机，它的机构特点是应用了提花纹板，通过传动机件带动一定顺序的顶针拉钩，根据花纹组织协调动作提升经线织出花纹。1860 年以后改用蒸汽动力代替脚踏传动，遂成为自动提花机，后来广泛传播于全世界并改用电动机发动。为了纪念贾卡的贡献，这种机器遂被称为贾卡织机。

◇ 艾德莱丝绸织机
Ikat Loom

2018.69.1
乌兹别克斯坦　当代　木
210 厘米 × 100 厘米 × 200 厘米
Rasul Mirzaahmedov 捐赠

艾德莱丝织物在丝绸之路沿线，包括乌兹别克斯坦、塔吉克斯坦、伊朗以及中国的新疆地区都十分流行。特别是乌兹别克斯坦马吉兰的艾德莱丝织技艺已被列入人类非物质文化遗产。这台艾德莱丝绸织机正是来自马吉兰非遗传承人的捐赠，有小型的机架，装有卷轴和一组（通常可以是 2—6 片）踏板和伏综，而其经线则被卷绕之后挂在较远的支架上。

◇ 贾拉织机

Jaala Drawloom

2018.54.3

印度　当代　木

330 厘米 × 150 厘米 × 300 厘米

贾拉织机是一种制线花本的提花织机，曾经在印度的瓦拉纳西和古吉拉特广泛使用，用于织造纱丽等大提花织锦。织造幅宽很大的纱丽时，需要三名织工同时操作、两人负责投梭织造，一人在上挑花提花。

Double Ikat Backstrap Loom
Tenganan Pegringsingan Village, Karangasem, Indonesia | Loom by I Made katung
wood, Flamboyant art tree

Tenganan Pegringsingan is the only place in Indonesia where...

◇ 经纬绊腰机

Loom for Geringsing Double Ikat

2018.96.2

印度尼西亚　当代　木

110 厘米 × 80 厘米 × 70 厘米

Tenganan Pegringsingan 是印度尼西亚唯一一个生产经纬绊的地方。这种纺织品在当地被称为 geringsing，在各种仪式中用作仪式服装。经纬绊技术要求经纱和纬纱在织造前都要经过扎染。为了达到图案清晰的效果，织工必须在织造过程中仔细地对这两组线程上的扎染图案进行调整。有几种传统的模式，可以以不同的方式结合起来。织机上织物成品部分的图案为最复杂的经纬绊纹样。

◇ **宋吉锦腰机**

Songket Loom

2018.97.1
印度尼西亚　当代　木
120 厘米 × 90 厘米 × 80 厘米

印度尼西亚巨港生产的宋吉锦闻名于世，它是一种妆花织金锦，在一种腰机上织造，有两根地综用于织平纹，另外的多个综杆用来织造纹样。织精致的图案可能需要100 多根综。由于上层社会欣赏这种织物的高附加值和声望并加以赞助，宋吉锦工厂在巨港仍旧得以蓬勃发展。

◇ 卧机

Backstrap Treadle Loom

2018.73.1

韩国　当代　木

150 厘米 × 60 厘米 × 90 厘米

韩国很早就开始使用这种类型的腰机，当地称为"布机"，迄今为止主要用于织造平纹的丝、棉、麻布，偶尔也用来织造绞经织物。织造绞经织物时，织机就会用到两个综杆。

◇ **腰机**
Backstrap Looms

2018.99.1
秘鲁　当代　木
130 厘米 × 60 厘米

钦切罗位于乌鲁班巴省，是海拔 3763 米山区的一个小镇，当地专业的织工闻名遐迩。这台腰机是传统的安第斯织布机，上有一部分已经织造而成用作妇女肩部斗篷的织物。该织物由两部分组成，沿着中心缝合在一起。

◇ 织机
Treadle Loom

2018.100.2
加纳　当代　木
130 厘米 × 60 厘米 × 120 厘米

　　在加纳地区，人们主要用一台双轴织机来织造经显花的窄条纹织带，这些织带会边对边地缝到一起。在加纳南部，织机都有两个甚至三对综，这使织工们能够织出纬显花和经显花织物，这些织物通常带有纬浮图案。

第六章

艺术无界

◇ 《谐振》

Resonance

2020.50.9

保加利亚　当代　合成材料

均为衣长 108 厘米，肩宽 40.5 厘米

Dafna Stoilkova

这一系作品列以"对立成谐而成诗"为题，制作出了与众不同的旗袍。简单明了的图案与复杂多样的质感之间达成的平衡让旗袍散发着前卫的美感。运用现今新潮的激光技术切割出的剪影结构透露出永不过时的古典之雅。互补色的选择更是为了重点表现两件旗袍"相对相立却又相辅相成"的特征。

◇ 《马可·波罗访杭州》

Marco Polo Trip To Hangzhou

2018.71.5
英国　当代　丝
衣长 127.5 厘米，肩宽 38 厘米；裤长 99 厘米
Caroline Butler

　　设计师非科班出身，曾从事过电影演员、歌手、经济人、市场总监等职业。她自身的传奇经历为她的设计增添奇异风采。2010 年，她与金史密斯学院（Goldsmith College）毕业的丈夫成立了自有时装工作室"Earl of Bedlam"，其设计的风格独特的服装深受英国歌手、演员喜爱。

　　该作品的设计灵感之一是马可·波罗访杭州，他当时惊叹杭州是"世界上最美丽华贵之天城"。为了纪念他到访杭州，设计师便将马可·波罗的丝路之行印在丝绸之上。设计师的另一个灵感来源于顾维钧的夫人，她于 20 世纪 30 年代推进上海旗袍款式革新，被《时尚》杂志评为 20 世纪 20—40 年代"世界最佳着装女性"。该作品设计新颖，袖子像一对"翅膀"，模仿蚕蛾的翼。

◆ 《人无法两次踏入同一条河流》
You Cannot Step Into the Same River Twice

2018.71.1
法国 当代 丝，毛
衣长 175 厘米，肩宽 46 厘米
Franconise Hoftmann

　　该作品采用数字印刷技术，将设计师在杭州拍摄的风景作品体现在服装上。

　　设计师既是毛毡艺术家又是摄影师。她的城市风景摄影作品风格鲜明，如梦似幻；其毛毡艺术品也体现了摄影作品的风格。该作品通过将法国最古老的面料与当代摄影和数字印刷技术相结合，质疑了艺术和手工艺之间的界限。

◇ 《合奏之绣》

Ensemble Embroidery

2019.35.4

印度　当代　丝

衣长 156 厘米；披肩长 175 厘米

Ashdeen Lilaowala

　　设计师专注于帕西加拉刺绣的传统艺术，尝试在旗袍的轮廓基础上，将左袖换成印度沙丽的披挂之处，在上面立体刺绣了花、鸟、蝴蝶等春天元素。为衬托多彩的刺绣图样，旗袍本身选取了沉稳的深蓝和黑色，是与万物生机的对比，也是对疏密和色彩平衡的考量。

◊ 旗袍

Elegant Qipao

乌兹别克斯坦　当代　丝，其他无机质
Kamola Fuzailova

　　该作品采用丝绒面料与乌兹别克斯坦传统手工面料"Han-Atlas"拼接，色彩斑斓。局部缀有手工钉珠及流苏，为作品增加细节。

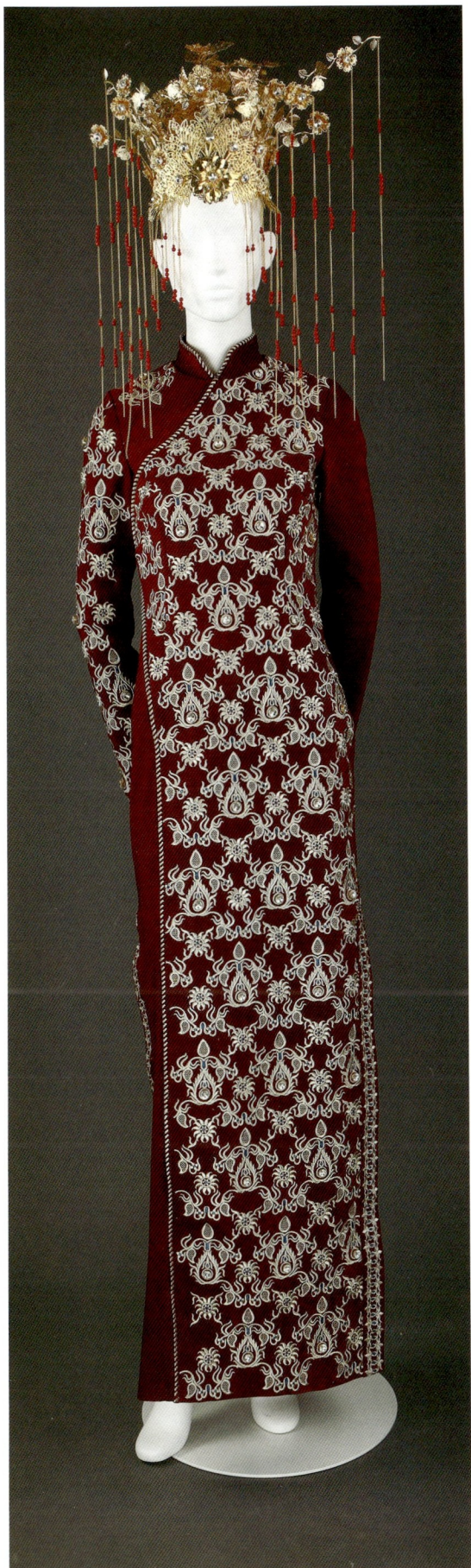

◇ 旗袍

Elegant Qipao

乌兹别克斯坦　当代　丝、金属线

Umida Muminova

作品以金线刺绣点缀丝绒面料，搭配乌兹别克斯坦传统纹样，象征中乌友谊源远流长。

◇ **扎染抽结礼服**
Small Knot Dress

2018.71.4
英国　当代
衣长 188 厘米，肩宽 33 厘米
Deborah Milner

　　这条裙子是英国服装设计师 Deborah Milner 为 Ecoture™ 项目设计。该系列的每一件服装都考虑了可持续发展的方方面面。在真丝雪纺上使用天然染料、运用绞撷技术，以产生背部的白色"条纹"。加之打结手法创造褶皱效果。

◇ 白地几何纹面料

Slate and Mushoku

2018.5.1

法国　当代　丝，菠萝纤维

（左）142 厘米 × 64 厘米；

（右）206 厘米 × 66 厘米

Marie-Hélène Guelton

这组纤维艺术作品由两种材料制成，Slate（"坚固"）则代表在印度北部生产的生丝面料；Mushoku（"无色"）为轻薄面料，以产自菲律宾的丝作经，菠萝纤维作纬编织而成。设计师开发了一种微妙的绞缬视觉语言，创造出极简主义的纺织品表达，受到收藏家和博物馆的赞赏。

Slate

Mushoku

◇ 《蕾丝》

Lace

2013.93.1

澳大利亚　当代　其他有机质，其他无机质

103 厘米 × 100 厘米

Liz Willamson

作者 Liz Willamson 是国际上备受瞩目的纺织品艺术家，三十多年来不懈地研究创作。基于对材料的了解，她结合一些最古老的技术和最新的计算机辅助程序，实现了创新性的突破，也确立了她在国际设计界的地位。

◇ 《斜着的玩偶脸》

Doll's Face

2013.94.1

美国 当代 其他有机质，其他无机质

长 181 厘米 × 宽 129 厘米

Lia Cook

此件作品是一个玩偶脸的大比例特写影像系列作品中的一幅。这些作品探索真实和虚幻的交错，使用熟悉而栩栩如生的玩偶脸的放大影像，激发出对那种半人半玩偶的事物的强烈反应。模糊与不安交织在一起，玩偶脸扮演着似人非人的角色的同时，也构建了一种对现实和虚幻的混淆。

编写说明

∨
∨
∨
∨

一、篇章结构

本书根据地区分为中国篇和海外篇两大部分。第一章至第三章为中国篇，第四章至第六章为海外篇。总体以年代为序。

第一章"历代遗珍"，藏品时间跨度自新石器时代至民国时期，共分七小节。同年代内以服装、配饰（鞋、帽、袖头、皮囊、枕等）、织物（匹料、补子、残片等）、书画（图册、扇面等）等为序。

第二章"传统工艺"，包含"机具"和"织绣"两个小节，其中"织绣"又包括绣法工艺和传统织物。

第三章"时代新样"，藏品按"旗袍""时装""设计"三类区分。"旗袍"为20世纪至今中国设计或生产的旗袍，"时装"为当代服装设计师的作品，"设计"则包含与纺织服装有关的设计作品及设计稿。

第四章"西方时尚"，包含"锦缎""古典风格""简新趋势""名品"四个小节。"锦缎"为17—19世纪意大利、荷兰、法国、英国的纺织品，"古典风格"为17—20世纪西方服饰，"简新趋势"则为20世纪的时尚，"名品"为国外知名服装设计师的作品。

第五章"丝路民俗"，为体现不同国家的织物及织机特点，总体采用先按地区再按年代排序的方式。按织物产地可分为"陆上丝路"与"海上丝路"两节，另有"织机"一节。

第六章"艺术无界"，包含"东西合璧""纤维之道"两个小节。"东西合璧"为全球各地的设计师以中国旗袍为主题设计的服装，"纤维之道"体现了中国丝绸博物馆纤维染织艺术展的代表性作品。

考虑藏品代表性和重要程度，以及排版美观，部分顺序略有调整。

二、藏品信息

1. 藏品信息主要包含名称、编号、地区、年代、材质、尺寸等。藏品来源如为出土或捐赠，则补充说明。藏品如为具体某位作者的作品，则附上作者姓名；为便于信息查阅，外国人名只写出原名。部分藏品信息如不详或待考证，则不列出。

2. 名称："历代遗珍"中的藏品名称主要由纹样、织物类别、款式三部分构成，如"鸽子纹（纹样）锦（织物）袍（款式）"；"西方时尚"中的藏品名称则参考国外博物馆的定名习惯，一般只写明款式信息，英文名称同理，如"礼服 / Formal Dress"；"传统工艺""时代新样""丝路民俗""艺术无界"中的藏品如为设计作品，则写作品名，如"《合奏之绣》/ *Ensemble Embroidery*"。

3. 编号：编号分三类，即四位数的总登记号（如 0084）、含年代信息的分类号（如 2019.35.4）、由字母和四位数字构成的特别编号（如 T0001）。一般来说 2011 年前入藏的采用总登记号，2011 年及以后入藏的采用分类号，少数为特别编号。编号形式的选取与中国丝绸博物馆内使用习惯有关。

4. 地区：中国篇内地区默认为中国，一般不另外写明（除部分织机）；海外篇内一般写明所在国家或地区，范围不明确的则扩大到大洲，如"欧洲""欧美"。

三、藏品介绍

本书藏品介绍内容由中国丝绸博物馆工作人员集体撰写，作者（排名不分先后）：赵丰、薛雁、金琳、徐铮、张国伟、龙博、陈百超、赵帆、陆芳芳、徐姗禾、潘安妮、杨文妍。

图书在版编目（CIP）数据

中国丝绸博物馆藏品精选 = Highlights of the
Collections in China National Silk Museum / 赵丰主
编. — 杭州：浙江大学出版社，2022.5
ISBN 978-7-308-22557-1

Ⅰ. ①中… Ⅱ. ①赵… Ⅲ. ①丝绸－服饰－收藏－中
国－图集 Ⅳ. ①G262.7-64

中国版本图书馆CIP数据核字(2022)第068121号

中国丝绸博物馆藏品精选

Highlights of the Collections in China National Silk Museum

赵　丰　主编

责任编辑　包灵灵
责任校对　田　慧
装帧设计　周　灵
出版发行　浙江大学出版社
　　　　　（杭州天目山路148号　邮政编码：310007）
　　　　　（网址：http://www.zjupress.com）
印　　刷　浙江海虹彩色印务有限公司
开　　本　710mm×1000mm　1/8
印　　张　36.25
字　　数　365千
版 印 次　2022年5月第1版　2022年5月第1次印刷
书　　号　ISBN 978-7-308-22557-1
定　　价　598.00元

浙江大学出版社市场运营中心联系方式：（0571）88925591；http://zjdxcbs.tmall.com

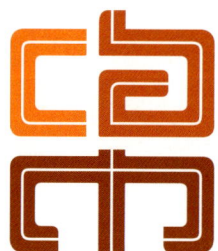

中國絲綢博物館
China National Silk Museum